EJU

日本留学試験
読解

ポイント
＆
プラクティス

アークアカデミー　著

スリーエーネットワーク

Published by 3A Corporation.
Trusty Kojimachi Bldg., 2F, 4, Kojimachi 3-Chome, Chiyoda-ku, Tokyo 102-0083, Japan

ISBN978-4-88319-924-2 C0081

First published 2023
Printed in Japan

はじめに

「日本留学試験 ポイント＆プラクティス」シリーズ

　日本留学試験（EJU: Examination for Japanese University Admission for International Students）（以下，EJU と記載）は，外国人留学生として日本の大学（学部）等に入学を希望する方を対象に，日本の大学等で必要とする日本語力および基礎学力の評価を行うことを目的に実施する試験です。

　EJU の得点をアップするには，出題傾向を把握し，対策を練って学習を進めることが大切です。

　本シリーズは，受験者の皆さんが試験に必要な力を身につけられるように考えられた対策問題集です。EJU 対策に外せない項目を厳選して作成してありますので，一つひとつをクリアしながら力をつけてください。

本書では，「読解」を学びます。

本書の特長

---

①実際の試験を分析し，厳選された項目を学習できる

②実際の試験と同じ形式の問題を練習できる

③解説つきで独習も可能

　本書は，初めて日本留学試験を受ける学習者や，読解問題に苦手意識があり，点数が伸び悩んでいる学習者などを対象としています。読解問題を解くにあたり，特に課題となるのは，限られた時間内に正解を導き出すことですが，難しい語彙や漢字が多い文章を読まなければならない EJU の「読解」は，大きな壁となっていることでしょう。本書は，そんな学習者でも，無理なく得点アップできるような構成となっています。実際の試験形式と同じ問題を練習し，解き方のポイントをつかむことで，本番でも緊張せずに自分の力を出せるでしょう。本書が，多くの学習者の進路を切り開く助けとなることを期待しています。

2023 年 8 月　著者

目次

はじめに

日本留学試験「日本語」科目，「読解」領域の紹介

　日本留学試験は，外国人留学生として，日本の大学（学部）等に入学を希望する人を対象に，日本の大学等で必要とする日本語力及び基礎学力の評価を行うことを目的に実施する試験です。出題科目は，日本語，理科（物理・化学・生物)，総合科目，数学です。

● 「日本語」科目の構成

領域	時間	得点範囲
読解	40分	0～200点
聴解・聴読解	55分	0～200点
記述	30分	0～50点

　※試験は，記述→読解→聴読解→聴解の順に実施します。

● 「読解」領域の概要

　主に文章の素材が出題されますが，文章以外の視覚情報（図表や箇条書きなど）が出題されることもあります。

【出題される文章の種類】

・説明文

・論説文

・（大学等での勉学・生活にかかわる）実務的・実用的な文書／文章　など

　　　　　独立行政法人日本学生支援機構ウェブサイト（https://www.jasso.go.jp/）より抜粋

　詳しい試験の情報は，独立行政法人日本学生支援機構ウェブサイトでご確認ください。

この本をお使いになる方へ

1. 目的

日本留学試験の「読解問題」の基礎知識や解き方を学び，それを応用する力を身につける。

2. 構成

①本冊

1回目

日本留学試験の読解問題の問題パターンを紹介しています。例題を解いてみましょう。

2回目～6回目

問いの文を5つのタイプに分け，解き方のポイントをまとめました。各回の冒頭には例題があるので，チャレンジしてみましょう。タイプごとに，問題や選択肢をどんな順番で見ればいいかも説明しています。また，3回目，5回目，6回目には，読解問題を解くのに覚えておくと役に立つ表現も載せてあります。

7回目～11回目

実戦練習を問いのタイプ別にまとめました。1回目～6回目で学習したことを活かしながら問題を解き，読解問題を解く力を養います。

※各回の冒頭には「目標」が書いてあります。目標を読んで理解できたら，左側の「□」にチェックを入れます。その回の学習が終わったら，「目標」が達成できたかどうか，確認しましょう。達成できたら，右側の□にチェックを入れます。

12回目

実際の試験と同じ量，同じ形式の模擬試験に挑戦します。制限時間40分で行いましょう。1回目～11回目を学習した後に解くことで，これまでの解き方のポイントの確認や，自分の弱点を知ることができます。

②別冊

解答・解説（翻訳つき）

解答・解説には，正答の選択肢だけでなく，誤答の選択肢についても解説がついています。正答と誤答，両方の解説を読むことにより，より深く問題を理解できるようにしました。

3. 表記

　常用漢字表にある漢字は漢字表記にしました。ただし，著者らの判断で表記を変えているものもあります。練習問題と 12 回目の模擬試験以外はすべての漢字にふりがなをつけました。練習問題と 12 回目の模擬試験では，特別な読み方をする漢字や，著者らの判断で読むのが難しいと思われる漢字のみ，ふりがなをつけています。

4. 独習の進め方

　1 回目から順に進め，12 回目の模擬試験でどのくらい力がついたか，確認しましょう。

〈2 回目から 11 回目の進め方〉

1) 「目標」を読んで理解したら，左側の「□」にチェックを入れます。

2) 問題を解きます。このとき，辞書は使わないで解いてください。慣れてきたら，時間を計ってやってみましょう。1 問につき，1 分 30 秒が目安です。

3) 解答・解説を見て，問題の答え合わせをしましょう。解説をよく読んで，理解を深めましょう。このときに辞書を使って，意味のわからなかった語を調べましょう。

4) 「目標」が達成できたかどうか，確認しましょう。達成できたら，右側の□にチェックを入れます。

　以下のことを行うと，さらに読解力がつきます。ぜひやってみましょう。

・問題の本文の要約

・問題の本文を声に出して読む

　また，問題集を最後まで学習（1 周目）したら，また始めから問題を 2 周目，3 周目と解いてみるのも効果的です。

For users of this book

1. Purpose

Learn basic knowledge about the reading comprehension problems in the Examination for Japanese University Admission for International Students (EJU) as well as how to solve them, and gain the skills to put this into practice.

2. Structure

①Main textbook

Lesson One:

This lesson introduces the different patterns of reading comprehension problems in the EJU. Try to solve the example problems.

Lessons Two to Six:

These lessons divide the question sentences into 5 types and summarize the key points for solving them. Each lesson includes example problems at the beginning for you to try. They also explain in what order to look at the questions and choices for each type of problem. Additionally, Lessons Three, Five, and Six include expressions that are useful for solving reading comprehension problems and are worth remembering.

Lessons Seven to Eleven:

These lessons present practice problems grouped by the type of question sentence, so you can apply what you have learned in the first six lessons to solve the problems and build up your ability to solve the reading comprehension problems.

※Goals are listed at the beginning of each lesson. After reading and understanding each goal, put a checkmark in the left box. After completing the lesson, check to see if you have achieved the goals. If you have achieved a goal, put a checkmark in the right box.

Lesson Twelve:

Try a mock test of the same length and format as the actual test. You will have 40 minutes to complete the test. By taking this practice test after learning how to solve the problems in Lessons One to Eleven, you will be able to reconfirm the key points that you have learned so far for solving the problems and understand your own weaknesses.

②Annex

Answers and explanations (with translations)

The answers and explanations include not only the correct answer, but also an explanation of why the other choices are incorrect. By reading the explanations for both the correct answer and the incorrect choices, you can get a deeper understanding of the problems.

3. Orthography

In principle, words that can be written with kanji characters on the joyo kanji list (national list of Chinese characters in common use) are written in kanji. However, at the author's discretion, different notation is used in some cases. Except for the practice exercises and the mock test in Lesson 12, furigana has been added to all of the kanji. In the practice exercises and the mock test in Lesson 12, only kanji with special readings or those that authors consider difficult to read are marked with furigana.

4. Promoting self-study

Proceed in order from Lesson One and, by the mock test in Lesson Twelve, check how much your reading comprehension has improved.

⟨How to proceed from Lesson Two to Lesson Eleven⟩

1) After reading and understanding the goals, put a checkmark in the left box.

2) Solve the problems. Do not use a dictionary when doing so. Once you get used to the problems, time yourself as you try to solve them. Aim to spend about one minute and thirty seconds on each question.

3) Check your answers to the problems by looking at the answers and explanations. Carefully read the explanations to deepen your understanding. While doing so, use a dictionary to look up any words that you do not understand.

4) Check if you have achieved the goals. If you have achieved a goal, put a checkmark in the right box.

You can improve your reading comprehension even further by doing the following. Be sure to try them!

· Summarize the problem texts

· Read the problem texts out loud.

In addition, after studying all of the problems one time, it is effective to try to solve them from the beginning again for a second and third time.

致本书使用者

1. 编写目的

学习日本留学考试"读解问题"的基础知识和解答方法，掌握能够对其予以应用的能力。

2. 内容结构

①本册

第1课

介绍日本留学考试读解问题的模式。试着解答例题。

第2～6课

把问句分为5种类型，并对解答方法的要点进行了归纳。各课的开头部分有例题，可以挑战一下。而且，按类型都对应以怎样的顺序来查看问题和选项进行了说明。另外，在第3课、第5课、第6课中，还收录有一些事先记住会对解答读解问题很有帮助的表达方式。

第7～11课

是把实战练习按问句类型分类的5课。应用已在第1～6课学习到的方法解答问题，培养自己解答读解问题的能力。

※每一课的最初都写有"目标"。在阅读并理解了"目标"之后，在左侧的"□"里打上✔。

　在学完一课之后，确认一下是否已经达到了"目标"。如果达到了，就在右侧的"□"中打上✔。

第12课

挑战与正式考试的量与形式都相同的模拟考试。限时为40分钟。在学完第1～11课之后再来解答，因此可以对之前已经学过的解答方法的要点加以确认，并了解到自己的不足之处。

②别册

解答、解说（附有译文）

在解答、解说中，不仅是正确答案的选项，对错误答案的选项也都附有讲解。通过看对"正""误"答案两方面的讲解，可以进一步加深对问题的理解。

3. 书写规则

对常用汉字表中的汉字都用汉字来标注。不过，根据作者等的判断，有时也会改变标注。除了练习题和第12课的模拟题以外，所有汉字都标有注音假名。在练习题和第12课的模拟题中，只对特殊发音的汉字及作者等判断认为难读的汉字标有注音假名。

4. 自学学习方法

从第1课依序而进，到第12课的模拟考试，让我们来确认一下能力有了什么程度的提高。

〈从第2课到第11课的进行方法〉

1) 阅读并理解了"目标"的话，在左侧的"□"里打上✔。

2) 解答问题，请不要使用辞典。习惯了之后，一边做一边测一下时间。以每题大约为1分30秒。

3) 看解答、解说对问题的答案。认真看讲解以加深理解。这时要用辞典来查自己不知道意思的词汇。

4) 确认"目标"是否已经达到。如果达到了，就在右侧的"□"中打上✔。

按以下几点做，读解能力将会进一步提高。大家一定要做一下试试。

· 归纳问题的正文

· 大声朗读问题的正文

另外，把本问题集学完一遍（第1遍）之后，再从重头开始做第2遍、第3遍也很有效果。

Dành cho người dùng sách này

1. Mục đích

Học cách giải đề cùng những kiến thức cơ bản về "Bài thi Đọc hiểu" thuộc Kỳ thi du học Nhật Bản và đạt được năng lực ứng dụng những điều đã học.

2. Cấu trúc

①Sách chính

Lần 1

Giới thiệu các kiểu đề của Bài thi Đọc hiểu thuộc Kỳ thi du học Nhật Bản. Giải thử các bài tập mẫu.

Lần 2 – 6

Tổng hợp các điểm chính trong cách giải đề, phân theo 5 loại câu hỏi. Ở đầu mỗi lần đều có in bài tập mẫu nên hãy thử làm. Có cả phần giải thích nên đọc đề và các lựa chọn theo thứ tự nào thì tối ưu, phân theo từng loại. Ngoài ra, ở Lần 3, Lần 5, Lần 6 còn có các mẫu diễn đạt nên ghi nhớ vì hữu ích cho việc giải đề Đọc hiểu.

Lần 7 – 11

Tổng hợp các bài tập thực hành theo từng loại câu hỏi. Bạn sẽ vận dụng những kiến thức đã học được ở Lần 1 – 6 để làm bài, qua đó rèn luyện khả năng giải đề Đọc hiểu.

※Phần đầu của mỗi lần đều có in "Mục tiêu". Khi bạn đọc và hiểu các mục tiêu rồi thì sẽ đánh dấu vào (□) bên trái. Học xong bài nào thì kiểm tra lại xem mình đã đạt được "Mục tiêu" của bài đó hay chưa. Nếu đạt được thì đánh dấu vào (□) bên phải.

Lần 12

Bạn sẽ thử sức với bài thi thử có cùng số lượng và dạng thức câu hỏi với bài thi thực tế. Giới hạn thời gian là 40 phút. Vì bạn sẽ giải bài thi thử sau khi đã học xong Lần 1 đến Lần 11 nên có thể kiểm tra được những điểm chính trong cách giải đề đã học trước đó, cũng như nắm được điểm yếu của bản thân.

②Phụ lục

Đáp án và giải thích đáp án (kèm bản dịch)

Trong phần này, không những lựa chọn đúng mà cả những lựa chọn sai cũng có in giải thích đính kèm. Bằng việc đọc phần giải thích của cả lựa chọn đúng lẫn lựa chọn sai, bạn sẽ hiểu đề sâu hơn.

3. Ký tự

Chúng tôi ghi những chữ có trong bảng Hán tự thông dụng bằng Hán tự. Tuy nhiên vẫn có những chữ được thay bằng ký tự khác tùy theo nhận định của nhóm tác giả. Chúng tôi phiên âm toàn bộ Hán tự, trừ phần luyện tập và bài thi thử ở Lần 12. Ở phần luyện tập và bài thi thử ở Lần 12, chỉ những Hán tự có cách đọc đặc biệt hoặc những Hán tự được nhóm tác giả nhận định là khó đọc thì mới có phiên âm.

4. Cách tự học

Bạn hãy học theo thứ tự từ Lần 1 trở đi rồi làm bài thi thử ở Lần 12 để kiểm tra xem mình đạt được năng lực đến đâu.

‹Cách học từ Lần 2 đến Lần 11›

1) Đọc và hiểu phần "Mục tiêu" rồi đánh dấu vào (□) bên trái.

2) Giải bài mà không sử dụng tự điển. Khi đã quen thì thử tính thời gian làm. Mỗi câu hỏi làm trong 1 phút 30 giây là vừa phải.

3) Xem phần Đáp án và giải thích đáp án rồi đối chiếu với câu trả lời. Hãy đọc kỹ phần giải thích đáp án để hiểu sâu hơn. Lúc này bạn có thể dùng tự điển để tra nghĩa những từ trước đó chưa biết.

4) Kiểm tra lại xem mình có đạt được "Mục tiêu" chưa. Nếu có thì đánh dấu vào (□) bên phải.

Nếu làm thêm các bước dưới đây thì năng lực đọc hiểu của bạn sẽ được nâng cao hơn nữa. Hãy thử xem sao nhé!

· Tóm tắt văn bản đề bài

· Đọc thành tiếng văn bản đề bài

Ngoài ra, sau khi đã học hết toàn bộ đề bài (vòng 1), việc thử giải đề lại từ đầu thêm vòng 2, vòng 3 cũng rất hiệu quả.

この本をお使いになる先生へ

　この本は，下記のような学習者を対象としています。

・初めて日本留学試験を受ける学習者

・日本留学試験の読解問題に苦手意識がある学習者

・日本留学試験の読解問題の点数が伸び悩んでいる学習者

　このような学習者を対象に，日本留学試験の「読解」を扱う授業を想定して作成しました。単に問題を解いて解説するのではなく，どんな順番でどこを読めばよいのか，どのような表現に注目すればよいのかなど，問いのタイプ別にポイントを示しています。授業では，そのポイントを学習者に意識させ，時間内に解くように指導します。

1. 授業の進め方

（1）時間配分

　1回目～11回目は，各45分の授業を想定しています。45分ですべてを扱うことが難しい場合は，一部を自宅学習用にするなどしてください。12回目は模擬試験となっていますので，本番の試験と同じように40分で実施し，別途解説の時間をとることをお勧めします。

（2）進め方の例

1回目	①「目標」の確認
	②EJUの読解問題の三つのポイントを確認
	③問題を解きながら，問題のパターンを共有
	④「目標」が達成できたか確認
2回目～6回目	①「目標」の確認
	②例題を解く
	③「見る順番はこれ！」「ここに注目！」などを見ながら解説
	④練習問題を解かせ，答え合わせと解説（※1）
	⑤「目標」が達成できたか確認

7回目～11回目	①「目標」の確認
	②練習問題を解かせ，答え合わせと解説（※1）
	③「目標」が達成できたか確認
12回目	問題を解かせ，答え合わせと解説（※2）

（※1）練習問題をまとめて行うか，1題ずつ区切って行うかは学習者の様子を見て決めて
ください。問題を解くときは，辞書を使わないように指示し，1問あたりの時間を
設定してから練習問題を解かせてください。1問あたりの時間は1分30秒が目安
ですが，初めは長めに時間をとり，徐々に短くしていき，最終的に1分30秒にす
るとよいでしょう。

（※2）ここは最終確認のパートですので，授業時間が十分取れる場合は，40分で模擬試
験を実施し，その後に解説することが望ましいです。

2. 自律学習の促し

　日本留学試験などの試験対策となると，問題を解き，答え合わせをして終わるだけの学
習者も散見されます。問題をもう一度読んだり，必要だと思う語彙を覚えたり，内容に関
連することがらを理解したりすることも効果的な学習です。限られた授業時間内ではそこ
まで学習するのは難しい場合も多いため，ぜひ先生からも自律学習のアドバイスをしてく
ださい。以下のような学習をお勧めします。

・例題，練習問題をもう一度読んで，問題を解く

・じっくり解説を読んで，理解を深める

・問題の本文に出てきた語彙や表現のうち，よく使われると思われる語彙や表現を覚える

・問題の本文を声に出して読む

・問題の本文を要約する

・問題集を最後まで学習（1周目）したら，2周目，3周目と解いてみる

　これらは，日本留学試験対策のみならず，全般的な日本語力の向上にも効果があるはず
です。

このシリーズでは，学習に合わせて，忍者と一緒に時間旅行をします。「読解」「聴解・聴読解」「記述」を合わせて学習すると，日本の歴史の流れを見ていくことができます。「読解」では「旧石器時代〜飛鳥時代」を見ていきます。

In this series, you will travel in time with a ninja as you learn. You can see the flow of Japanese history as you study "Reading comprehension", "Listening and listening-reading comprehension" and "Writing".
With the "Reading comprehension", you will see from "the Paleolithic era to Asuka era".

在这个系列中，配合学习与忍者一起来进行时空旅行。把"读解"、"听解／听读解"、"记述"部分配合来学的话，可以看到日本历史的进程。
在"读解"部分，让我们依次来看一下"旧石器时代到飞鸟时代"。

Trong bộ sách này, bạn sẽ cùng ninja du hành xuyên thời gian tương ứng với việc học. Nếu học kết hợp "Đọc hiểu", "Nghe hiểu – Nghe đọc hiểu", "Bài luận" thì sẽ xem được tiến trình của lịch sử Nhật Bản.
Trong cuốn "Đọc hiểu", bạn sẽ xem về "Thời kỳ Đồ Đá Cũ – thời kỳ Asuka".

EJU

日本留学試験
読解

ポイント
＆
プラクティス

読解ってどんな問題？

What are reading comprehension problems?
读解是什么样的问题?
Bài thi Đọc hiểu là như thế nào?

読解問題にはどんなものがありますか。そして，どのように答えたらいいですか。
この回では，三つの問題パターンを確認します。

What are reading comprehension problems, and how should they be answered? In this lesson, learn about the three patterns for these problems.
读解问题有什么样的内容? 应该怎样回答? 在本课中，我们来确认三个问题的模式。
Trong bài thi Đọc hiểu có những gì? Cần phải trả lời như thế nào? Trong lần này, bạn sẽ xác định được 3 dạng đề.

目標

□ □ EJU の読解問題について知る。

□ □ 問題のパターンを知る。

□ □ 現在の自分のレベルを知る。

Learn about EJU reading comprehension problems. / Understand the problem patterns. / Know your current level.
知道关于 EJU 的读解问题。／知道问题的模式。／知道自己目前的水平。
Biết về Bài thi Đọc hiểu của EJU. / Biết các kiểu đề. / Biết trình độ hiện tại của mình.

読解問題に答えるときは，この三つを忘れずに！

その１）１問は１分 30 秒！

40 分で 25 個の問いに答えます。だから「1 問＝ 1 分 30 秒」。

練習でも「1 分 30 秒」を意識して，時間内に答えられるように，集中しましょう。

Part 1) 1 minute 30 seconds per question!
You have to answer 25 questions in 40 minutes, so "1 question = 1 minute 30 seconds."
Bear this "1 minute 30 seconds" in mind when practicing, and concentrate so that you can answer the questions within the time limit.

其 1）每题 1 分 30 秒!
用 40 分钟来回答 25 个问题。所以"1 个问题＝ 1 分 30 秒"。
即使在做练习时，也要想着"1 分 30 秒"，集中精力，争取在规定时间内完成答题。

1) 1 câu là 1 phút 30 giây!
Bạn sẽ trả lời 25 câu hỏi trong 40 phút nên "1 câu = 1 phút 30 giây".
Khi luyện tập cũng hãy ghi nhớ "1 phút 30 giây" và tập trung làm để đừng bị quá giờ.

その２）読むのは「聞かれている」ところだけ！

読解問題は「読書」ではないので，全部読む必要はありません。

問いと選択肢を読んで，関係がありそうなところを読みましょう。

Part 2) Read only what is "asked" of you!
Reading comprehension questions are not "reading," so you don't have to read everything.
Read the questions and choices, and read the parts that seem relevant.

其 2）只看与 "提问相关" 的部分！
读解问题不是 "阅读"，所以不需要阅读所有内容。
看完问句和选项后，再找出与其相关的部分来看。

2) Chỉ đọc những chỗ "đang được hỏi"!
Bài thi Đọc hiểu không phải "sách để đọc" nên không cần đọc hết.
Hãy đọc câu hỏi và các lựa chọn rồi đọc những chỗ có vẻ liên quan đến chúng.

その３）答えの見直しは，すべての問題を解いた後に！

読解問題は，時間が足りなくなりがちです。

答えの見直しをするのは，すべての問題が終わってからにしましょう。

Part 3) Check your answers only after solving all the problems!
People tend to run out of time on reading comprehension problems.
Check your answers only after you have finished all the problems.

其 3）答完所有问题之后，再来检查答案！
在做读解问题时，时间往往会不够用。在答完所有问题之后再来检查答案。

3) Làm xong toàn bộ bài thi mới kiểm tra lại các câu trả lời!
Thí sinh thường bị thiếu giờ khi thi Đọc hiểu. Hãy kiểm tra lại các câu trả lời sau khi đã làm xong toàn bộ bài thi!

問題の種類は３パターン！

読解問題は【１】問いが一つ　【２】問いが二つ　【３】問いが三つの

３パターンです。

まず，その３パターンを，時間を計りながら解いてみましょう。

There are three patterns for reading comprehension problems: 【I】 One question, 【2】 Two questions, and 【3】 Three questions.
First, let's try answering the three patterns while keeping track of time.

读解问题有三种模式：【I】一个问题的题 【2】两个问题的题 【3】三个问题的题。
首先，让我们看着时间来解答这三种模式的问题吧。

Bài thi Đọc hiểu bao gồm 3 kiểu: 【I】1 câu hỏi, 【2】2 câu hỏi, 【3】3 câu hỏi.
Trước hết hãy thử vừa canh thời gian vừa giải 3 kiểu đề này.

【Ⅰ】問いが一つの問題

例題1　この文章の内容と合っているものはどれですか。

　日本は食品ロスが深刻な国の一つで，年間 522 万トンの食品ロスを出しています。食品　1
ロスとは，まだ食べることができる食品を，無駄にして捨ててしまうことです。その食品
ロスの量をおにぎりで考えると，日本の人口である約 1 億 3 千万人が，毎日，一人当たり
1 個のおにぎりを捨てていることになります。この問題を解決しようと，いろいろな取り
組みが行われています。　　　　　　　　　　　　　　　　　　　　　　　　　　　　　　5

　中でも注目を集めているのが，*賞味期限が切れた食品を専門に販売する店です。期限
が切れていても安全な商品を集めて，通常の値段より安く売っています。賞味期限が切れ
た物を売っても，安全なら法律上問題ありません。また，ケーキ屋で売れ残ったケーキを
引き取って，週に何回かだけ営業する店も人気を集めています。食品ロス対策だけではな
く，スタッフが働く場所も生まれているということですから，一石二鳥です。　　　　　10

＊賞味期限：その食品がおいしく食べられる期限

1．日本では毎日 1 億個以上のおにぎりを捨てている。
2．賞味期限が切れた食べ物は，本当は売ってはいけない。
3．世界で食品ロスが一番深刻なのは日本だ。
4．売れ残りのケーキ販売店には，食品ロス対策以外にもいいことがある。

【2】問いが二つの問題

例題2　次の文章を読んで後の問いに答えなさい。

　3月20日は「国際幸福デー」ですが，その前後に発表される「世界幸福度ランキング」をご存じの方も多いでしょう。これは，2012年から始まった，世界の約150か国を対象にした調査です。各国・地域のそれぞれ約千人を対象に，「人生の満足度」が0から最高10のどの段階かを質問して順位を決め，その結果を「健康寿命」「国内総生産（GDP）」「国への信頼度」など六つの要素を使って分析しています。

　「幸福度なんて，順番を付けられるものではない」という否定的な意見もあります。ただ，これはこれで，国のイメージを知る意味で，面白いのではないでしょうか。

　さて，2021年のランキングですが，上位はフィンランド，デンマークなどの北欧の国々で，日本の順位は56位となっています。

　では，順位が上がれば国民が本当に幸せになれるかというと，そうとも限りません。ランキングは一つの目安として，社会の現実的な課題を解決していくことを優先するべきでしょう。

問1　下線部「世界幸福度ランキング」について正しい説明はどれですか。

１．他の国の人が幸せそうかどうかを答える調査である。
２．「健康寿命」や「国内総生産」などの六つの要素でランキングを決めている。
３．各国・地域について幸福度を調査し，ランキング化したものである。
４．調査には否定的な質問も取り入れられている。

問2　この文章で，筆者が最も言いたいことは何ですか。

１．国の幸福度を数字で表すことなど不可能だ。
２．日本の順位が上がれば，国民は「幸せだ」と思えるだろう。
３．幸福度をランキングにするのは，とても意味がある。
４．社会の課題に取り組むことは，順位を上げることよりも重要だ。

【3】問いが三つの問題

例題3　次の文章を読んで後の問いに答えなさい。

　　日本の100歳以上の高齢者は8万5000人を超えて，2021年まで51年連続で増加して　1
いる。注目すべきは，100歳以上の高齢者の男女比である。男性は12パーセント程度で，
女性は残りの90パーセント近くを占めているという。

　　世界的に，平均寿命は女性のほうが長いのが一般的だ。先進国では，5〜7年も女性の
ほうが長生きするとも言われている。では，なぜそれほどの差が出るのか。　　　　　　5

　　ある自治体が市内在住者の健康や生活などについて行った調査がある。その中で，高齢
者がストレスを発散する方法として，女性は，「友人・知人と会う」と答えた割合が男性
よりも多かった。（　A　）ストレスを発散するということだろう。一方，男性は，「お酒を
飲む」と答えた人の割合が女性の約5倍だった。このようなストレス発散方法の違いを見
ると，女性のほうが長生きするというのは納得できる。　　　　　　　　　　　　　　10

　　しかし，女性についても，仕事を辞めたり，子どもが自立したりすると，他者と
コミュニケーションを取る機会が減ってしまい，孤独を感じるということが問題視されて
いる。

　　こうした高齢者の居場所を作るためには，行政の働きかけが重要だ。高齢者には，長年
培ってきた知識や経験がある。子育て，介護など，地域の課題を解決する場に高齢者を取　15
り込めれば，新たな活躍の場になる。年を重ねても，他者とのつながりを持ち続けられる
ような，高齢者が輝ける地域を目指す取り組みが求められている。

6

問1　（　Ａ　）に入るのはどれですか。

1．他者と関わることで
2．家族の話を聞くことで
3．体を動かすことで
4．自分の世界を大切にすることで

問2　下線部「高齢者が輝ける地域」とありますが，筆者はどのような地域だと考えていますか。

1．100歳を超えても働き続けられる地域
2．高齢者の人口が他より多い地域
3．高齢者が社会の中でいきいきと暮らせる地域
4．健康な高齢者が多い地域

問3　本文の内容と合うものはどれですか。

1．日本では，50年前までは男性のほうが長生きだった。
2．日本の100歳以上の高齢者の数は50年以上増え続けている。
3．男性の平均寿命が短いのは，友達がいないことが原因だ。
4．女性は孤独を感じることが少ないので，平均寿命が長い。

答え（解説は，別冊 p.2 ～ p.4）

例題1　**4**

例題2　問1：**3**　問2：**4**

例題3　問1：**1**　問2：**2**　問3：**3**

これが解くポイント！

①問いの文や選択肢を見て，トピックをつかみ，その内容をイメージしましょう。

Look at the question sentence and the choices to understand the topic and get an idea of what it is about.
看问句和选项，抓住话题所在，想象一下其内容。
Hãy đọc câu hỏi và các lựa chọn, nắm bắt chủ đề rồi mường tượng nội dung của nó.

②「絶対に違う！」と思う選択肢には×を付けましょう。

Put an ✕ next to choices that you think are "absolutely wrong!"
在认为"绝对不是"的选项上画✕。
Hãy đánh dấu ✕ vào lựa chọn mà bạn nghĩ rằng "chắc chắn sai!".

③大体の意味を考えながら読み進めていきましょう。
言葉や文の正確な意味がわからなくても，答えられる問題もあります。

Think about the general meaning of the words and sentences as you read. Some questions can be answered without knowing the exact meaning of the words or sentences.
边看边思考大概意思。也有些即使不知道单词或句子的确切意思就可以回答的问题。
Hãy vừa đọc vừa đoán đại ý. Sẽ có những bài mà bạn không cần hiểu chính xác ý nghĩa của từ và câu vẫn làm được.

④長い文の問題を読むときは，「いくつ段落があるか」をチェック。
問いに答えるために，どの段落を読んだらいいか考えましょう。

When reading a question with a long passage, check how many paragraphs there are. Think about which paragraph you should read in order to answer the question.
在读长句子的问题时，先分析一下"有几个段落"，然后想一下回答问题需要读哪段。
Khi đọc những bài có văn bản dài, hãy kiểm tra xem "có mấy đoạn văn". Suy nghĩ xem cần đọc đoạn nào để trả lời câu hỏi.

1回目は全部で六つの問いがありましたが，あなたは，いくつできましたか。

「あまりできなかった」という人もがっかりしないでください。

これから，一緒にいろいろな問題にチャレンジしましょう！

In Lesson 1, there were six questions in total. How many did you manage to answer? Even if you answered "not so well," don't be discouraged. Going forward, let's tackle the various questions together!
第 1 课一共有六个问题，你答出了几个？ 即使没答出多少的人也不要灰心。那让我们一起来挑战各种各样的问题吧。
Trong Lần 1 có tổng cộng 6 câu hỏi, bạn làm được mấy câu? Những bạn "làm chưa được tốt lắm" cũng đừng vội thất vọng! Sau đây, hãy cùng thử sức với nhiều bài tập khác nhé!

2 回目 文章の内容と合っているものはどれ？

Which one matches the text?
哪个选项与文章内容一致？
Cái nào phù hợp với nội dung văn bản?

目標

□ □ 選択肢の意味を理解できる。

□ □ 選択肢と本文を読み比べて，答えを見つけることができる。

Can understand the meaning of the choices. / Can find the answer by reading and comparing the choices and the text.
能够理解选项的意思。／能够对照着读选项和正文，找出答案。
Hiểu được ý nghĩa của từng lựa chọn. / Đọc và đối chiếu các lựa chọn với văn bản để tìm ra câu trả lời.

例題　次の文章の内容と合っているものはどれですか。

　今，冷凍食品が熱い。テレビや雑誌でも盛んに取り上げられているが，各社，昔のイ ー メージを変えるべく，本格的な味を追求しているのだ。チャーハン，ギョーザといった定番料理のみならず，高級店でも出せそうな和食，洋食まで登場している。

　その昔，冷凍食品といえば，おいしさを求めるものではなく，「手抜きをしたいときの手段」という考え方があった。その便利さから重宝されたものの，食品としての地位は低 5 かった。夕食に冷凍食品を使った物を出すと，家族に嫌な顔をされたという話もよく聞いた。また，幼稚園に持っていくお弁当に冷凍食品を使わないようにと言われるケースもあったそうだ。

　昨今の冷凍食品はそのままでも十分満足できるが，ちょっとアレンジを加えた物など，ネットでも新しいレシピが続々と提案されている。改良による冷凍食品の目覚ましい進化 10 は，何かと忙しい現代人にとってうれしいことである。

１．ほとんどの幼稚園で，弁当に冷凍食品を使うことを禁止していた。
２．高級店で出される冷凍食品には，和食だけでなく洋食もある。
３．最近の冷凍食品はアレンジが必要なため，手軽に作れなくなった。
４．今では，冷凍食品の地位は上がっている。

見る順番はこれ！

①問いを読もう ☛ 「次の文章の内容と合っているものはどれですか。」

Read the question ☛ "次の文章の内容と合っているものはどれですか。"
读问句 ☛ "次の文章の内容と合っているものはどれですか。"
Đọc câu hỏi ☛ "次の文章の内容と合っているものはどれですか。"

②選択肢を一つずつ読もう ☛ 答えが探しやすいように文を分ける

Read the choices one by one ☛ Separate the sentences so that it is easy to find the answer
逐一读选项 ☛ 把句子分开，以便更容易找到答案
Đọc từng lựa chọn ☛ Chia nhỏ câu văn ra để dễ tìm câu trả lời

1．ほとんどの幼稚園で， ／ 弁当に冷凍食品を使うことを ／ 禁止していた。
2．高級店で出される冷凍食品には， ／ 和食だけでなく洋食もある。
3．最近の冷凍食品は ／ アレンジが必要なため， ／ 手軽に作れなくなった。
4．今では， ／ 冷凍食品の地位は ／ 上がっている。

③選択肢と本文を読み比べてみよう ☛ 本文から選択肢の内容を探し，その内容が合っているか確認する

Read and compare the choices and the text ☛ Look for the content of the choices in the text and check to see if the content is correct
对照着读选项和正文 ☛ 从正文中找出选项的内容，确认其内容是否一致
Thử đối chiếu các lựa chọn với văn bản ☛ Tìm nội dung lựa chọn trong văn bản và kiểm tra xem nội dung có khớp không

1．<u>ほとんどの幼稚園で，</u> ／ 弁当に冷凍食品を使うことを ／ 禁止していた。
　　　　× （7 〜 8 行目）
2．<u>高級店で出される冷凍食品には，</u> ／ 和食だけでなく洋食もある。
　　　　× （3 行目）
3．最近の冷凍食品は ／ <u>アレンジが必要なため，</u> ／ 手軽に作れなくなった。
　　　　　　　　　　　× （9 行目）　　　　　　　× （10 〜 11 行目）
4．<u>今では，</u> ／ 冷凍食品の地位は ／ <u>上がっている。</u>
　　　　　　　　　　　→昔は，低かった（4 〜 6 行目）→ ○

ここに注目！

➥ このタイプの問いは，解くのに時間がかかることがあります。問いが二つ，三つある問題の場合，他の「わかりやすい問い」から先に解くようにしましょう。

This type of question may take a long time to solve. If a problem has two or three questions, try to solve the other "easy-to-understand" questions first.
解答这种类型的问题，有时需要花费一些时间。如果问题有两个或三个的时候，让我们先从"比较容易的问题"来解答。
Kiểu câu hỏi này có thể tốn nhiều thời gian để giải. Trong trường hợp đề bài có 2 hoặc 3 câu hỏi, hãy ưu tiên giải "những câu hỏi dễ hiểu" khác trước.

➡ 選択肢に「〜しか（ない）」「〜だけ」といった限定の表現や，「必ず」などの強調の表現があったら，注意が必要です。本文の中でも同じように述べられているかどうか，確認しましょう。

Be careful if you see limiting expressions such as "〜しか（ない）" or "〜だけ," or emphatic expressions such as "必ず" in the choices. Check to see if this is expressed in the same way in the text.
如果选项中有 "〜しか（ない）""〜だけ" 这样表示限定的表达，或 "必ず" 等表示强调的表达则须加以注意。确认一下在正文中是否也是同样陈述的。
Nếu trong lựa chọn có mẫu ngữ pháp thể hiện giới hạn như "〜しか（ない）", "〜だけ", hoặc mẫu ngữ pháp nhấn mạnh như "必ず" v.v. thì cần lưu ý. Hãy kiểm tra xem nội dung trong văn bản có được diễn đạt giống như vậy hay không.

➡ 選択肢と本文で，同じ内容でも表現が変わっていることがあります。

Sometimes, the same content is expressed differently in the text and in the choices.
有时即使同样的内容，在选项和正文中的表达也会有变化。
Các lựa chọn và văn bản có thể có cùng nội dung nhưng khác cách diễn đạt.

➡ 「お知らせ」タイプの問題も，この解き方で解くことができます。

"Notice"-type problems can also be solved in this way.
"通知" 类型的问题也可以用这种解答方法来解答。
Có thể dùng cách giải này cho cả dạng đề "Thông báo".

正解　4

4〜6行目に「その昔，冷凍食品といえば……食品としての地位は低かった」と書かれている。今は地位が上がった（低くない）ということ。

1　7〜8行目に「幼稚園に……言われるケースもあったそうだ」とあるが，「ほとんどの幼稚園で」「禁止していた」とは書かれていない。

2　3行目に「高級店でも出せそうな」とあるが，「高級店で出される」とは書かれていない。

3　9〜10行目に「アレンジを加えた物など……提案されている」とあるが，「アレンジが必要」「手軽に作れなくなった」とは書かれていない。

Lines 4 to 6 say "その昔，冷凍食品といえば……食品としての地位は低かった." This means that their status has risen (it is not low).
1　Lines 7 to 8 say "幼稚園に……言われるケースもあったそうだ," but they do not say "ほとんどの幼稚園で (at most kindergartens)" or "禁止していた (was forbidden)."
2　Line 3 says "高級店でも出せそうな," but it does not say "高級店で出される (served at a high-end restaurant)."
3　Lines 9 to 10 say "アレンジを加えた物など……提案されている," but they do not say "アレンジが必要 (additional preparation is necessary)" or "手軽に作れなくなった (is no longer easy to make)."

第4〜6行中写有 "その昔，冷凍食品といえば……食品としての地位は低かった"。说的是如今地位已经提高了（不低）。
1　第7〜8行中写有 "幼稚園に……言われるケースもあったそうだ"，没有写 "ほとんどの幼稚園で (几乎在所有的幼儿园)""禁止していた (是禁止的)"。
2　第3行写有 "高級店でも出せそうな"，没有写 "高級店で出される (在高级商店销售)"。
3　第9〜10中写有 "アレンジを加えた物など……提案されている"，没有写 "アレンジが必要 (需要加工)""手軽に作れなくなった (不能简单地做了)"。

Ở dòng 4 - 6 có ghi là "その昔，冷凍食品といえば……食品としての地位は低かった". Tức là hiện tại vị trí đã được nâng lên (không thấp nữa).
1　Ở dòng 7 - 8 có "幼稚園に……言われるケースもあったそうだ" nhưng không ghi là "ほとんどの幼稚園で (ở hầu hết các trường mẫu giáo)", "禁止していた (đã từng cấm)".
2　Ở dòng 3 có "高級店でも出せそうな" nhưng không ghi là "高級店で出される (được bán trong những nhà hàng sang trọng)".
3　Ở dòng 9 - 10 có "アレンジを加えた物など……提案されている" nhưng không ghi là "アレンジが必要 (cần bài trí)", "手軽に作れなくなった (không còn dễ nấu nữa)".

本文の内容をまとめよう！

テーマ「冷凍食品の進化」

　　昔は「おいしくない」「手抜きの手段」というイメージだった冷凍食品だが，今では各社，本格的な味を追求しており，昔は低かった食品としての地位も高くなっている。そのままでも満足できるが，アレンジを加えたレシピも提案されている。冷凍食品の進化は，忙しい現代人にとってうれしいことだ。

問題1　次の文章の内容と合っているものはどれですか。

　丸みのある愛らしいフォルムで，民族衣装に身を包み，頭にはプラトークと呼ばれる美 1
しい布をかぶった木の人形。それだけではピンと来なくても，胴体を開けると，その中か
ら一回り小さな人形がひょっこり現れ，その中にもさらに小さな人形が……と言えば，多
くの人が「マトリョーシカ！」と答えるのではないでしょうか。

　ロシアの土産物として知られるマトリョーシカは，今ではファッションや雑貨，インテ 5
リアにも取り入れられています。日本でも多くの商品が生まれ，すっかり人気モノになっ
ています。その起源にはいろいろな説がありますが，その一<ruby>一<rt>ひと</rt></ruby>つに，明治時代にロシア人が
日本から持ち帰った「箱根で製作された七福神の木工人形」が元になっているという説が
あります。マトリョーシカが日本で愛されているのも，こんな歴史が関係しているのかも
しれません。 10

　ロシアを訪れたことがない人でも，その優しい風合いを感じるだけで，親近感がわく
でしょう。私はこれを「マトリョーシカ外交」と名付けました。

1．マトリョーシカの意味は，「親近感」である。

2．マトリョーシカのグッズは，日本でも売られている。

3．マトリョーシカの起源は日本の木工人形だ。

4．「マトリョーシカ外交」という言葉をよく耳にする。

問題2　次のお知らせの内容と合っているものはどれですか。

百合ヶ丘大学　*履修登録システムの利用に関するお知らせ

履修登録は，間違いのないよう下記の内容をよく読んでから手続きをしてください。

（1）　このシステムの利用にはIDとパスワードが必要です。

　　　IDは学生番号です。パスワードは第三者に悪用されることのないよう，定期的に変更してください。

　　　※パスワードの管理は各自行ってもらいますが，忘れた場合は学生証を持参し，学生窓口で再交付を申請してください。（申請は本人に限る。）

（2）インターネットに接続可能なパソコンを使えば，学外からでも登録できます。

　　　※ただし，パソコンの環境によって正しく動作しない場合もあります。

注意

・必ずパソコンを使用してください。

　スマートフォン，およびタブレットでは利用できません。

・履修登録の画面が操作できるのは，ログイン後30分以内です。30分を超えると自動的にログアウトされます。前もって履修計画を立てておいてください。

・大学のパソコンルームは混雑が予想されます。時間に余裕を持って来てください。

＊履修登録：大学で自分が受ける授業を選択し，登録すること

1．IDを忘れた学生は学生窓口で再交付を申請すること
2．パスワードは定期的に変更するようにすること
3．履修登録の際は，必ず大学のパソコンを使用すること
4．パスワードの再交付には30分の時間制限があるので注意すること

筆者が最も言いたいことはどれ？

What does the author most want to say?
哪个选项是作者最想表达的意思？
Điều người viết muốn nói nhất là cái nào?

目標

□ □ 筆者の言いたいことがどこに書かれているか，見つけることができる。

□ □ 文末の表現から筆者の言いたいことを読み取ることができる。

Can find where the author's point is written. / Can grasp the author's point from the expression at the end of the sentence.
能够找出作者想说的内容写在哪里。／能够从句尾的表达中找到作者想说的内容。
Tìm được chỗ có ghi điều người viết muốn nói. / Đọc ra được điều người viết muốn nói từ mẫu diễn đạt cuối câu.

例題　次の文章で筆者が最も言いたいことはどれですか。

　日本語が乱れていると言われて，ずいぶん経つ。その乱れ方もさまざまだ。言葉のカタ 1
チが正しくないこともあれば，本来の意味とはまったく違う使われ方をしている場合もあ
る。前者には「食べられる」を「食べれる」，「寝られる」を「寝れる」と言う，「ら抜き
言葉」が挙げられる。

　また，後者には，例えば「気が置けない」がある。「あの人は気が置けない」と言った 5
場合，正しくは「遠慮したり，気を遣わなくていい」と関係が親しいことを意味する。だ
が，「国語に関する世論調査」によると，「気配りしたり，遠慮しなくてはいけない」とい
う，本来とは反対の，ネガティブな意味だと答える人のほうが多かったそうだ。

　時代とともに言葉が変化するのは，自然なことだ。しかし，できるだけ本来の意味が失
われることのないようにしながら，正しい日本語を次世代に残したいものだ。 10

1．若者たちが言葉の意味を変えてしまうのは困ったものだ。

2．言葉の意味が変わってしまうような変化は避けたい。

3．「ら抜き言葉」はできるだけなくしていくべきだ。

4．「気が置けない」はネガティブな意味なので，使わないほうがいい。

見る順番はこれ！

①問いを読もう ← 「次の文章で筆者が最も言いたいことはどれですか。」

Read the question ← "次の文章で筆者が最も言いたいことはどれですか。"
读问句 ← "次の文章で筆者が最も言いたいことはどれですか。"
Đọc câu hỏi ← "次の文章で筆者が最も言いたいことはどれですか。"

②選択肢を読もう

Read the choices
读选项
Đọc các lựa chọn

③最後の段落から，筆者が言いたいことを見つけよう

Find the author's point from the last paragraph
从最后的段落中找出作者想说的内容
Tìm điều người viết muốn nói từ đoạn văn cuối cùng

④選択肢の中から，③と意味が近いものを選ぼう

From the choices, choose the one that is closest in meaning to ③
从选项中选出与③意思相近的
Chọn cái gần nghĩa với ③ từ các lựa chọn

ここに注目！

✈筆者の意見は，多くの場合，最後の段落に書かれています。

The author's opinion is often written in the last paragraph.
多数情况，作者的意见都会写在最后的段落中。
Trong nhiều trường hợp, ý kiến của người viết được ghi ở đoạn văn cuối cùng.

✈文末を見て，筆者の主張の対象や，気持ちの強さにも注目しましょう。（→p.18）

Look at the end of the sentence, and pay attention to what the author is emphasizing and the strength of their feelings. (→p.18)
看句尾，对作者主张的对象、情绪语气的强弱也要注意。（→第18頁）
Xem phần cuối câu và chú ý đến cả đối tượng của chủ kiến và cường độ tình cảm của người viết. (→p.18)

せいかい
正解　2

選択肢の「避けたい」は，そうならないように
したいということ。9～10行目に「できるだ
け本来の意味が失われることのないようにしな
がら，正しい日本語を次世代に残したいもの
だ」とある。「～たいものだ」は，「心から～し
たい」という意味。

1　「若者たち」が言葉の意味を変えていると
　　は言っていない。

3　「ら抜き言葉」を「できるだけなくしてい
　　くべき」とまでは言っていない。

4　5～6行目にあるように，「気が置けない」
　　は本来はポジティブな意味。「気配りした
　　り，遠慮しなくてはいけない」というネガ
　　ティブな意味ではない。また，「使わない
　　ほうがいい」とは書かれていない。

"避けたい" in the choice means that the author wants to avoid such a situation. Lines 9 to 10 say "できるだけ本来の意味が失われることのないようにしながら，正しい日本語を次世代に残したいものだ." The phrase "～たいものだ" means sincerely wanting to do something.

1　It does not say that "若者たち" are changing the meaning of words.

3　For "ら抜き言葉" the author does not go as far to say "できるだけなくしていくべき (they should be eliminated as much as possible)."

4　As mentioned in lines 5 to 6, "気が置けない (to not require reserve or formality)" originally had a positive meaning. It does not have the negative meaning of "気配りしたり，遠慮しなくてはいけない." Nor does the author say that "使わないほうがいい (it should not be used)."

选项的 "避けたい" 意思是想要避免这样的情况。第9～10行中写有 "できるだけ本来の意味が失われることのないようにしながら，正しい日本語を次世代に残したいものだ"。"～たいものだ" 的意思是 "真心地想～"。

1　并没有说 "若者たち" 改变了词语的意思。

3　并没有说到 "ら抜き言葉" 要 "できるだけなくしていくべき（应该尽可能不用）" 这一程度。

4　如第5～6行中所写，"気が置けない" 原本是积极的意思，没有 "気配りしたり，遠慮しなくてはいけない" 这样消极的意思。此外，并没有写 "使わないほうがいい（最好不用）"。

"避けたい" trong lựa chọn có nghĩa là muốn tránh xảy ra như vậy. Ở dòng 9 - 10 có "できるだけ本来の意味が失われることのないようにしながら，正しい日本語を次世代に残したいものだ". "～たいものだ" nghĩa là muốn làm ~ từ đáy lòng.

1　Không nói rằng "若者たち" đang thay đổi ý nghĩa của từ vựng.

3　Không nói đến mức "できるだけなくしていくべき (nên cố gắng xóa bỏ)" "ら抜き言葉".

4　Như được đề cập ở dòng 5-6, "気が置けない (không cần câu nệ hay giữ kẽ)" vốn mang nghĩa tích cực, không phải nghĩa tiêu cực là "気配りしたり，遠慮しなくてはいけない". Ngoài ra cũng không ghi rằng "使わないほうがいい (không nên dùng)".

本文の内容をまとめよう！

テーマ「日本語の乱れ」

　ずいぶん前から日本語が乱れていると言われている。言葉のカタチが変化していること
もあれば，本来とは違う意味で使われている場合もある。言葉は時代とともに変化するも
のだが，本来の意味が失われないようにし，正しい日本語を残していきたいものだ。

ヒントは「文末表現」に！

筆者の言いたいことを探すとき，文末の表現が大きなヒントになります。

When looking for the author's point, the expression at the end of a sentence is a major clue.
找作者想说的内容时，句尾的表达方式是个重要的提示。
Mẫu diễn đạt cuối câu là gợi ý quan trọng khi tìm điều người viết muốn nói.

①〜だろうか／〜ではないだろうか：筆者の主張＝〜ではない／〜だ

> The author's assertion = it isn't ~ / it is ~
> 作者的主张＝不是〜／是〜
> Chủ kiến của người viết = không phải là ~ / là ~

例）地球温暖化の対策は<u>進んでいると言えるだろうか</u>➡<u>進んでいるとは言えない</u>

例）地球温暖化は世界が力を合わせて<u>取り組む問題ではないだろうか</u>➡取り組む問題だ

☛「〜だろうか」「〜ではないだろうか」は「〜か」があるので疑問文のようですが，これは疑問ではなく意見や主張を述べています。

> "〜だろうか" and "〜ではないだろうか" seem to be questions because they have a "〜か." However these are not questions. Rather, they are statements of opinion or assertion.
> "〜だろうか""〜ではないだろうか"因为有"〜か"，所以看上去很像是问句，但在这里并不是问句，而是在陈述意见或主张。
> "〜だろうか", "〜ではないだろうか"vì có "〜か" nên nhìn giống câu nghi vấn nhưng lại dùng để nêu ý kiến, chủ kiến chứ không phải để hỏi.

☛「〜だろうか」は，「〜ではない」という否定の意味になり，「〜ではないだろうか」は「〜だ」という肯定の意味になります。

> "〜だろうか" has the same negative meaning as "〜ではない," while "〜ではないだろうか" has the same positive meaning as "〜だ."
> "〜だろうか"是如同"〜ではない"一样的否定意思，"〜ではないだろうか"是如同"〜だ"一样的肯定意思。
> "〜だろうか" mang nghĩa phủ định "〜ではない", còn "〜ではないだろうか" mang nghĩa khẳng định "〜だ".

②〜たいものだ：筆者の意志，希望＝心から〜したい，強く〜したいと思う

> The author's intention and hope = sincerely/strongly want to ~
> 作者的意志、希望＝真心地想〜，非常想〜
> Mong muốn, nguyện vọng của người viết = muốn làm ~ từ đáy lòng, rất muốn làm ~

例）地球温暖化防止のために，一人ひとりできることから<u>取り組んでいきたいものだ</u>。

☛「〜てほしいものだ」は，他者に対する希望を表します。

> "〜てほしいものだ" expresses hope for others.
> "〜てほしいものだ"表示对他人的希望。
> "〜てほしいものだ" thể hiện nguyện vọng đối với người khác.

例）地球温暖化防止のために，各国が力を合わせて<u>取り組んでほしいものだ</u>。

③〜のである／〜のだ：筆者が強調したいこと

What the author wants to emphasize
作者想强调的内容
Điều người viết muốn nhấn mạnh

例）地球温暖化への取り組みは，まだ始まったばかりなのである。

④〜べきだ：筆者の判断＝（状況から考えて）〜する必要がある，〜しなければならない

The author's judgement = (considering the situation) it is necessary to ~ / must ~
作者的判断＝（从情况来考虑）需要做~／必须做~
Nhận định của người viết = (xét tình hình thì) cần làm ~ / phải làm ~

例）地球温暖化について，子どもたちの未来を考えた対策をとっていくべきだ。

⑤〜はずだ／〜に違いない：筆者の判断＝（理由があって）当然〜になる／〜する，きっと〜だ

The author's judgement = (with a reason) will of course be/do ~, will surely be ~
作者的判断＝（有理由）当然〜／一定是〜
Nhận định của người viết = (vì lý do) đương nhiên là trở nên ~, làm ~ / chắc chắn là ~

例）今を生きる私たちの努力が，未来の地球を温暖化から守る力になるはずだ。
小さな努力でも，いつか地球温暖化防止の大きな成果につながるに違いない。

☞「〜に相違ない」も同じ意味ですが，「〜に違いない」より硬い表現です。

"〜に相違ない" has the same meaning as "〜に違いない" but is more formal.
"〜に相違ない" 也是同样意思。是较之 "〜に違いない" 更为强硬的表达方式。
"〜に相違ない" là mẫu diễn đạt cùng nghĩa nhưng trang trọng hơn "〜に違いない".

他にも「〜が大切（重要）だ」「大切（重要）なのは〜だ」などの表現がよく使われます。

Additionally, expressions such as "〜が大切（重要）だ" and "大切（重要）なのは〜だ" are also often used.
另外 "〜が大切（重要）だ" "大切（重要）なのは〜だ" 等也是经常使用的表达方式。
Ngoài ra, các mẫu diễn đạt như "〜が大切（重要）だ", "大切（重要）なのは〜だ" v.v. cũng thường được sử dụng.

3

筆者が最も言いたいことはどれ？

問題1　次の文章で筆者が最も言いたいことはどれですか。

　日本には「まだまだ働きたい」と考えているシニア世代がいる。その一方で，さまざま　1
な企業で人材不足が問題となっている。高齢者を積極的に雇用できない理由の一つとし
て，雇用側が，高齢者の持っている能力や，希望する職種を把握できていないということ
が挙げられる。

　このような状況を改善するため，高齢者と企業をどのように*マッチングさせるかが重要　5
となる。マッチングに関する問題に役立つのが，ITやAIである。例えば，ITやAI
**を駆使したマッチング・サイトでは，高齢者の希望を細かく分析し，一人ひとりに
合った職場を紹介することが可能となる。

　日本の深刻な社会問題になっている「超高齢化」もマイナスに考えてしまえば，先には
進まない。まずは現実と向き合い，さまざまな可能性を見つけるべきだ。　　　　　　10

*マッチング：お互いの希望，目的に合った人やグループ同士を結びつけること
**〜を駆使した：〜が使われている

1．仕事のマッチングは，高齢者だけに有用だ。
2．超高齢化問題は改善しやすい。
3．問題を解決していく前向きな考え方が必要だ。
4．ITやAIを使えば，必ず明るい社会にできる。

問題2　次の文章で筆者が最も言いたいことはどれですか。

　工学，数学，科学，医学など，いわゆる「理系分野」で活躍する女性研究者を増やすた　ı
め，近年さまざまな団体が取り組みを行っている。女性研究者の活躍を推進するために創
設された，女性を対象とした科学賞はニュースでも報じられ，各大学でも中高生の理系進
路選択を支援するイベントなどが行われている。しかし，実際に理系に進学する女性はい
まだに少ない。　　　　　　　　　　　　　　　　　　　　　　　　　　　　　　　　　5

　実は，日本で理工系に進学する女性の割合は，先進国を中心とした世界36か国の調査
で，平均を大きく下回っている。このような状況がずっと続いているのだ。少数だからこ
そ理系の女子が注目され，日本では「リケジョ（理系女子の略）」という言葉が生まれた。
それは，理系の女子がまだ「特別」な存在であることを意味している。

　2022年春，ようやく日本の女子大学に初めての工学部が誕生した。まだまだ道のりは　ıo
遠いが，「リケジョ」という言葉を耳にすることもなくなるような，ジェンダーの壁を超
え，より自由に希望の分野に進めるような社会になってほしいものだ。

1．理系分野での女性の活躍が特別ではないような時代が来てほしい。
2．このままでは，理系の女子がいなくなる日が来るかもしれない。
3．日本も世界に合わせ，理系学部を女性中心にしたほうがいい。
4．日本の女子大学にも，もっと工学部を設けたほうがいい。

聞かれていることは何？

What is being asked?
被问到的是什么？
Cái đang được hỏi là gì?

目標

□ □ 問いで聞かれているポイントが何かわかる。

□ □ 選択肢を読んで，聞かれているポイントに近い答えを見つけられる。

Can understand what point is being asked about in the question. / Read the choices and can find the answer that is closest to the point that is being asked about.
知道问句所问的要点是什么。／能够通过读选项，找出与所问要点相近的答案。
Hiểu được điểm chính đang được hỏi đến là điều gì. / Có thể tìm ra câu trả lời gần với điểm chính đang được hỏi sau khi đã đọc các lựa chọn.

例題 下線部「ふだん着の言葉」というのは，どのような言葉ですか。

　江戸時代に始まった歌舞伎から生まれた言葉の中には，現在の生活でごく普通に使われ　　1
ているものがある。例えば，「十八番」。これは「おはこ」と読む。

　江戸時代に人気があった歌舞伎役者が，*お家芸である「歌舞伎十八番」の**台本を大
切に「おはこ（お箱）」に入れていた。そこから「十八番」は「得意なもの」を指すよう
になり，「おはこ」と読ませるようになったという説がある。今では，カラオケで，「これは，　5
田中部長の十八番です」などと使われる。

　他にも，ハンサムな男性を指す「二枚目」や，物事が最終段階まで来たことを指す「大
詰め」など，歌舞伎から生まれ，現在でも使われている言葉がいろいろある。

　このように，歌舞伎の言葉から「ふだん着の言葉」になったものはいくつもある。それ
らについて調べてみれば，伝統芸能がぐっと近く感じられるかもしれない。　　　　　　10

*お家芸：それぞれの家に伝わる得意な芸
**台本：劇のセリフや動きの指示を書いた物

1．おしゃれに関する言葉
2．日常生活で使われる言葉
3．挨拶するときの言葉
4．友達や家族と話すときの言葉

①問いを読もう ← 問いの文から何に注目するか，ポイントは何かを確認しよう

Read the question ← Check what the question wants you to focus on and what the point is
读问句 ← 确认问句中要你关注什么，其要点是什么
Đọc câu hỏi ← Xác nhận xem mình sẽ chú ý điều gì, điểm chính là gì từ câu hỏi

②問いで聞かれているポイントを本文から探そう

Find the point being asked about in the question from the text
从正文中找一下问句所问的要点
Tìm điểm chính đang được câu hỏi nhắc đến từ trong văn bản

③聞かれているポイントに近い答えを選択肢の中から探そう

Find the answer that is closest to the point that is being asked from among the choices
从选项中找出与所问要点相近的答案
Tìm câu trả lời gần với điểm chính đang được hỏi từ các lựa chọn

ここに注目！

→ このタイプの問題の問いの文には「〜はどういう（どのような）意味

ですか」「〜は何を／誰を／どんなことを指していますか」など，

いろいろな表現があります。その文の中に，どこを見たらいいかヒントがあります。

In this type of question, a variety of expressions such as "〜はどういう（どのような）意味ですか" and "〜は何を／誰を／どんなことを指していますか" are used. In these sentences, there are hints about what to look for.
在这种类型的问题的问句中有"〜はどういう（どのような）意味ですか""〜は何を／誰を／どんなことを指していますか"等各种表达方式。在问句中有应该看哪一部份好的提示。
Câu hỏi của dạng đề này có chứa nhiều mẫu diễn đạt như "〜はどういう（どのような）意味ですか", "〜は何を／誰を／どんなことを指していますか" v.v. Trong những câu đó có gợi ý về chỗ cần đọc.

→ 聞かれている部分の前後に「これ」「それ」「この」「その」などの指示語があったら，
注目しましょう。指示語の近くには，他の言葉に言い換えられた表現があることが多いです。

Pay attention to any demonstrative words such as "これ," "それ," "この," or "その" before or after the part that is being asked about. Near these demonstrative words, there are often expressions that have been paraphrased into other words.
在所问部分的前后有"これ""それ""この""その"等指示代词的话，要注意这些词。在指示代词的附近常有被换成其它说法的表达方式。
Nếu trước và sau phần đang được hỏi đến có những chỉ thị từ như "これ", "それ", "この", "その" v.v. thì hãy chú ý đến chúng. Gần những chỉ thị từ này thường là mẫu diễn đạt được thay thế bằng từ ngữ khác.

正解　2

9行目の「このように」という指示語に注目する。指示する先で挙げられている「十八番」や「二枚目」、「大詰め」は、元々歌舞伎で使われた言葉だが、「現代の生活でごく普通に使われているもの」の例である。そのため、2が正解。

1　文章の中では「おしゃれ」の話は書かれていない。「ふだん着」というのは服装の種類のことだが、ここでは例えで使われている。

3　「挨拶」に関することは書かれていない。

4　「友達や家族」に限定した言葉とは書かれていない。

Note the demonstrative "このように" in line 9. It refers to how the previously mentioned "十八番", "二枚目" and "大詰め" are examples of words that were originally used in Kabuki but are now "現代の生活でごく普通に使われているもの." Therefore, 2 is correct.

1　There is no mention of "おしゃれ" in the text. "ふだん着 (casual wear)" refers to a type of clothing, but here it is used as a metaphor.

3　There is no mention of "挨拶."

4　It does not say that the words are limited to "友達や家族."

注意看第9行中的指示代词 "このように"。在指示的前方所列举的 "十八番" "二枚目" 和 "大詰め" 原本是歌舞伎中使用的词汇，但它们是 "現代の生活でごく普通に使われているもの" 的例子。因此，问句所问的意思是 "普通的 (普通)"，而不是 "特别 (特别)"，所以 2 是正确答案。

1　在文章中没有提到 "おしゃれ" 的事情。"ふだん着（平常穿的衣服）" 是服装的种类，但在这里是用作比喻。

3　没有写与 "挨拶" 相关的事情。

4　没有写限定于 "友達や家族" 的话。

Chú ý đến chỉ thị từ "このように" ở dòng 9. Từ "十八番" hay "二枚目", "大詰め" đóng vai trò đối tượng được chỉ thị là ví dụ cho "現代の生活でごく普通に使われているもの" dù vốn là những từ ngữ được dùng trong Kabuki. Vì vậy nên số 2 là câu đúng.

1　Trong văn bản không ghi gì về "おしゃれ". "ふだん着 (quần áo mặc thường ngày)" tuy là một loại trang phục nhưng ở đây lại được dùng làm ví dụ.

3　Không ghi gì liên quan đến "挨拶".

4　Không ghi rằng chúng là những từ ngữ dành riêng cho "友達や家族".

本文の内容をまとめよう！

テーマ「歌舞伎から生まれた言葉」

　日本の伝統文化である歌舞伎から生まれた言葉で、今でも生活の中で使われているものがある。例えば「十八番」「二枚目」「大詰め」などである。このように歌舞伎の言葉から「ふだん着の言葉」になった言葉を調べてみれば、伝統芸能がもっと身近に感じられるかもしれない。

4

聞かれていることは何？

25

問題1　下線部「ほぼ外国語と言ってもいい」とは，どのような意味ですか。

　「サステナブル」「アジェンダ」「コンセンサス」……テレビにも新聞にも，カタカナ語 1
が*あふれている。同じカタカナ語でも，「ボランティア」「ストレス」などは，日本語と
して認知されている。しかし，「インキュベーション（企業支援）」「ディーセント・ワー
ク（働きがいのある仕事)」などとなると，一体どれくらいの人が理解できるだろうか。

　このようなレベルになると，多くの日本人が理解できるものではなく，<u>ほぼ外国語と</u> 5
<u>言ってもいい</u>だろう。これが，どんどん増えてくるのだから困ってしまう。

　グローバル化が進み，日本語だけでは表現しにくい物事が増えてきた。それはわかるの
だが，カタカナ語の**乱用は，人々を混乱させるだけではないだろうか。

＊あふれる：必要以上に非常にたくさんある様子
＊＊乱用：きちんと考えず，使いすぎること

１．日本語としては多くの人に認知されていない
２．カタカナ語と呼ぶことができない
３．日本語として使うべきではない
４．日本語がわからない外国の人にも伝わる

問題2　下線部「自然のエアコン」というのは，どのような意味ですか。

　夏の省エネ対策として，「緑のカーテン」があります。緑のカーテンとは，ゴーヤ，キュ
ウリ，ヘチマ，アサガオなどの植物のつるを，窓や壁を覆うように育てて作った植物の
カーテンのことです。

　緑のカーテンが窓から入る日差しを遮り，さらに，その葉から蒸発する水が周囲の熱を
奪って，気温が下がるということから，このアイデアは「自然のエアコン」とも呼ばれま 5
す。省エネ効果があるだけでなく，花や実を楽しめるというメリットもあります。都内の
ある保育園では，園に通う子どもたちがキュウリを収穫するなど，「食育」にも役立って
います。

　コンクリートやアスファルトの地面が多い都会では，「ヒートアイランド現象」が深刻
な問題になっています。見た目にも涼しげな緑のカーテンは，夏の暮らしに欠かせない風 10
物詩です。

1．植物のカーテンによる温度調節
2．植物たちのために使用する冷房
3．自然の中に置かれているエアコン
4．自然の感覚に近い優しい風

4

5 回目 それはどうして？

Why is that?
那是为什么？
Tại sao lại như vậy?

目標

□ □ 何の理由を聞かれているかがわかる。

□ □ 文中から理由を表す表現を探せる。

Can understand what reason is being asked about. / Can look for expressions in the text that convey reasons.
知道被问到的原因是什么。／能够从正文中找出表示原因的表达方式。
Hiểu lý do gì đang được hỏi đến. / Tìm được mẫu diễn đạt thể hiện lý do trong văn bản.

例題 次の文章で，昼寝後の仕事の効率が上がるのは，なぜだと言っていますか。

近年，昼寝を取り入れる企業が増えている。

昼休みとは別に昼寝の時間を設ける「シエスタ制度」を取り入れる企業や，中には，仮眠室まで設置している企業もあるという。昼寝をすることで，頭がすっきりして集中力が高まり，記憶力を向上させる効果もある。そのため，午後の仕事の効率が上がるというわけだ。

では，昼寝に最適な時間はどれくらいなのだろうか。一般的には 30 分がいいと言われている。30 分を超えると，夜の睡眠に影響が出るからだ。長すぎる仮眠は逆効果なので要注意である。

1. 昼寝は夜の睡眠にいい影響があるから

2. 昼寝は時間が短く，仕事の邪魔にはならないから

3. 昼寝をすると集中力や記憶力が高まるから

4. 昼寝をすると目を覚ましたとき体の疲れが取れているから

それはどうして？

見る順番はこれ！

①問いを読もう ☞ 何の理由を探すのか，確認しよう

Read the question ☞ Check what reason you are looking for
读问句 ☞ 确认找什么原因
Đọc câu hỏi ☞ Xác nhận xem mình sẽ tìm lý do gì

②選択肢を読もう

Read the choices
读选项
Đọc các lựa chọn

③本文から理由を表す表現を探そう （☞p.32）

Look for an expression in the text that conveys the reason (☞p.32)
从正文中找出表示原因的表达方式 （☞第 32 页）
Tìm mẫu diễn đạt thể hiện lý do trong văn bản (☞p.32)

④選択肢から正解を見つけよう

Find the correct answer from the choices
从选项中找出正确答案
Tìm ra câu đúng trong các lựa chọn

ここに注目！

➥ 理由を表している文がいくつかある場合は，どれが問いの答えかをよく考えましょう。

If there are several sentences that convey reasons, carefully consider which one answers the question.
如果有几个表示原因的句子时，仔细考虑一下哪一个是问题的答案。
Trường hợp có nhiều câu thể hiện lý do thì hãy nghĩ kỹ xem cái nào là câu trả lời cho câu hỏi.

➥ このタイプの問題の問いの文には「それはなぜですか」「～理由はどれですか」「理由として最も適当なものはどれですか」など，いろいろな表現があります。

In this type of question, a variety of expressions such as "それはなぜですか," "～理由はどれですか," and "理由として最も適当なものはどれですか" are used.
这种类型的问题的问句有多种表达方式，例如 "それはなぜですか"，"～理由はどれですか"，"理由として最も適当なものはどれですか" 等。
Trong câu hỏi của dạng đề này có nhiều mẫu diễn đạt như "それはなぜですか","～理由はどれですか","理由として最も適当なものはどれですか" v.v.

30

正解　3

仕事の効率が上がる理由を探す。4〜5行目で「そのため，午後の仕事の効率が上がるというわけだ」と言っている。「そのため」という理由を表す表現があるので，前の部分を見る。

1　7行目に「30分を超えると，夜の睡眠に影響が出る」とあるが，その後ろに「逆効果」とある。「逆効果」とは悪い影響があるという意味。

2　仕事の邪魔になるかどうかは書かれていない。

4　「体の疲れ」については書かれていない。

Find the reason why work efficiency increases. Lines 4 to 5 say "そのため，午後の仕事の効率が上がるというわけだ." "そのため" is an expression that conveys a reason, so look at the part just before this.

1　Line 7 says "30分を超えると，夜の睡眠に影響が出る," but after that it says "逆効果." The phrase "逆効果" means that it has a negative effect.
2　The text does not say whether it interferes with work.
4　The text does not mention "体の疲れ."

找出工作效率提升的理由。在第4〜5行中说的是"そのため，午後の仕事の効率が上がるというわけだ"。因为有"そのため"这一表示理由的表达方式，所以看其前面的部分。
1　第7行目中写有"30分を超えると，夜の睡眠に影響が出る"，其后写着"逆効果"。"逆効果"是有负面影响的意思。
2　没有写是否会妨碍工作。
4　没有写关于"体の疲れ"。

Tìm lý do hiệu suất công việc được nâng cao. Dòng 4-5 có nhắc đến "そのため，午後の仕事の効率が上がるというわけだ". Vì có mẫu diễn đạt thể hiện lý do là "そのため" nên sẽ xem phần phía trước.
1　Ở dòng 7 có "30分を超えると，夜の睡眠に影響が出る" nhưng sau đó lại có "逆効果". "逆効果" nghĩa là có ảnh hưởng xấu.
2　Không viết rằng có gây cản trở công việc hay không.
4　Không viết gì về "体の疲れ".

本文の内容をまとめよう！

テーマ「昼寝の効果」

　最近，昼寝を取り入れる企業が増えている。昼寝をすることで，集中力や記憶力が高まり，午後の仕事の効率が上がるという。最適な時間は30分で，長すぎる仮眠は逆効果である。

5

それはどうして？

「理由」を表す表現

理由を表す表現をチェックしましょう。

Carefully check for expressions that convey a reason.
仔细确认表示原因的表达方式。
Hãy kiểm tra cẩn thận các mẫu diễn đạt thể hiện lý do.

前に理由がある表現

文中にこれらの表現があったら➡その表現の前に理由があることが多いです。

If one of these expressions is in a sentence → There is often a reason before the expression.
如果句子里有这些表达方式→那么在其之前通常会有一个原因。
Nếu trong văn bản có các mẫu diễn đạt này → Lý do thường nằm ở trước chúng.

①〜から，…／〜ので，…

　例）家族や友達が応援してくれているから，頑張って勉強しなければならない。
　　　　　　　　＝理由

②〜。だから…／その結果…／そのため…／それで…／ゆえに…／それゆえ…／したがって…

　例）家族や友達が応援してくれている。だから，頑張って勉強しなければならない。
　　　　　　　　＝理由

③〜からだ（からである）。／〜ためだ（ためである）。

　例）頑張って勉強しなければならない。家族や友達が応援してくれているからだ。
　　　　　　　　　　　　　　　　　　　　　　　　　　　　＝理由

後ろに理由がある表現

文中にこれらの表現があったら➡その表現の後ろに理由があります。

If one of these expressions is in a sentence → There is a reason after the expression.
如果句子里有这些表达方式→那么在其之后通常会有一个原因。
Nếu trong văn bản có các mẫu diễn đạt này → Lý do thường nằm ở sau chúng.

①…。なぜなら〜／なぜかというと〜／というのは〜／というのも〜

　例）頑張って勉強しなければならない。

　　　なぜなら，家族や友達が応援してくれているからだ。
　　　　　　　　　　　　　　＝理由

　☛文末には「〜からだ」がよく使われます。

　　　"〜からだ" is often used at the end of sentences.
　　　句尾常常会用"〜からだ"。
　　　"〜からだ" thường được dùng ở cuối câu.

32

問題1 次の文章で，ペットボトルの牛乳が許可されていなかったのはどうしてだと言っていますか。

　スーパーで売られている牛乳は，ビンか紙パック入りというイメージがある。実際，他 1 の飲み物によく使われているようなペットボトルに入った牛乳は，ほとんど見かけない。これには，ペットボトルに入った牛乳を販売することが認められていなかった，という法律上の理由があったのだ。

　ペットボトル自体に衛生的な問題があるわけではない。ペットボトルは持ち運びに便利 5 なため，開封して飲んだ後に常温で長く持ち歩く可能性がある。その場合，牛乳は栄養価が高いため菌が増える危険が大きい。だから，長く法律で禁止されていたのである。

　2007年には牛乳の特性に注意することを条件に，ペットボトル入りの牛乳の販売が許可されている。だが，牛乳用ペットボトルには特別な基準があり，新たな技術の開発が必要だ。それには，*莫大なコストがかかるという。　　　　　　　　　　　　　　　　　10

＊莫大な：非常に多くの

1．牛乳はビンか紙パックに入っているイメージが強いから
2．牛乳用ペットボトルの素材には衛生的に問題があるから
3．牛乳用ペットボトルの開発には多くの費用がかかるから
4．牛乳を常温で持ち運ぶと，菌が増えてしまうから

5

それはどうして？

問題2　次の文章で，筆者はスーパーマーケットが普及した理由をどう考えていますか。

　今では当たり前に生活の中にあるスーパーマーケット。その起源には諸説ありますが，　1
1930年にニューヨークで誕生した「キング・カレン」が始まりだとする説が有力です。

　そこでは，さまざまな商品が棚に並べられ，訪れた客は自分が欲しい物を選んでレジで
精算する，いわゆる*セルフサービス方式を採用。それまでの客と店員のやりとりによる
買い物とは異なり，スピーディーな買い物を可能にし，店員の負担もかなり軽減されました。　5

　さらに，自動車産業が発展し，郊外に大型駐車場のある店舗が作られたことにより，大
きな変化が起こります。自動車での買い物が**中流階級を中心に普及したのです。

　こうして，たくさん買って，車で家に持ち帰るというライフスタイルが広まった結果，
スーパーマーケットという新たなビジネスも広まったのです。

*セルフサービス：レストランやスーパーで，客が自分で料理を運んだり，レジに商品を持って行った
　　　　　　　　りすること
**中流階級：社会的，経済的に中間に位置する人々

1．店の販売員の負担が減ったから
2．自由に欲しい商品が選べるようになったから
3．客が商品をたくさん買って運べるようになったから
4．誰でも自動車が買えるようになったから

6
回目

文中の（　　　　）に入るのはどれ？

Which one fits the ( ) in the text?
填入句子（ ）中的是哪一个？
Cái nào thích hợp để điền vào ( ) trong đoạn văn?

目標

□ □ （　　　　）の前後がどういう関係なのかがわかる。

□ □ 選んだ答えを（　　　　）に入れて，文の意味が正しいかどうかがわかる。

Can understand what kind of relationship there is between the parts before and after the ( ). / Can see if the sentence's meaning is correct when you put your chosen answer in the ( ).
知道（ ）的前后是什么关系。／知道把所选答案放在（ ）中后，句子的意思是否正确。
Hiểu được phần trước và sau ( ) có mối quan hệ thế nào. / Xác định được ý nghĩa của câu có đúng hay không khi điền cái mình chọn vào ( ).

例題　次の文章の（　Ａ　）に入るものとして，最も適当なものはどれですか。

　2021年のある調査によれば，東京都民の実に83パーセントが日常的に，または時々ス 1
トレスを感じているそうだ。日々の生活のストレスをゼロにすることは難しい。大切なの
はどのようにストレスを解消していくかだ。ストレスの解消法は人によってさまざまだ
が，飲酒や喫煙などは体の健康を損ねてしまう。健康を保ちながらストレスを解消する方
法としてよく言われるのは，質のいい睡眠を取ること，バランスのいい食事を*摂ること 5
など。また，運動も効果的だと言われている。

　日常的に適度な運動をしている人は，ストレス度が低い。しかし，ここで注意が必要な
のは「（　Ａ　）」という点だ。つまり，過度な運動は心のバランスを崩しやすいので，注
意が必要だということだ。

*摂る：口から体内に入れる

１．日常的に

２．質のいい

３．適度な

４．バランスがいい

見る順番はこれ！

①問いを読もう ☛ 「（　　　　）に入るものとして，最も適当なものはどれですか。」

Read the question ☛ "（　　　　）に入るものとして，最も適当なものはどれですか。"
读问句 ☛ "（　　　　）に入るものとして，最も適当なものはどれですか。"
Đọc câu hỏi ☛ "（　　　　）に入るものとして，最も適当なものはどれですか。"

②選択肢を読もう

Read the choices
读选项
Đọc các lựa chọn

③（　　　　）の前後を読もう

Read before and after the (　　　)
读（　　　）的前后
Đọc phần trước và sau (　　　)

④選択肢から正解を選ぼう

Choose the correct answer from the choices
从选项中挑选正确答案
Chọn câu đúng từ các lựa chọn

ここに注目！

☛（　　　　）の近くの，「しかし」「つまり」などの接続詞や，前後の文に注目しましょう。

Pay attention to conjunctions such as "しかし" and "つまり" that are near the (　　　　), as well as to the text before and after (　　　　).
注意看（　　　）附近的 "しかし" "つまり" 等连词，以及之前或之后的句子。
Hãy chú ý đến những liên từ như "しかし", "つまり" v.v. nằm gần (　　　) cũng như câu văn trước và sau đó.

☛もし，すぐ近くにヒントが見つからない場合は，もう少し広く前や後ろの部分を見てください。

If you can't find a clue nearby, then look at a slightly wider range before or after that section.
如果在近旁找不到提示，可以扩大点儿范围，再稍微往前或往后看一看。
Nếu không tìm được gợi ý ngay gần đó thì hãy mở rộng phạm vi tìm kiếm phía trước và sau hơn nữa.

「（　Ａ　）」の前後を読んでみると，前の文に「日常的に適度な運動をしている人は，ストレス度が低い」とある。さらに，後ろの文に「過度な運動は……注意が必要だということだ」とある。前後二つの文は，運動の程度について注目し，対比している関係。

1　7行目に「日常的に適度な運動をしている人は……」とあるので，「日常的に」を選んでしまいそうだが，（　Ａ　）の後に，「過度な運動は……注意が必要だ」とあるので，運動の頻度は問題ではないことがわかる。

2　5行目に「質のいい睡眠を取ること」とあるが，ここで問われているのは運動について。運動の「質」については書かれていない。

4　5行目に食事について「バランス」の必要性が書いてあるが，運動に関する問いなので，答えではない。

When you read the text before and after（　Ａ　）, you find that the previous sentence says "日常的に適度な運動をしている人は，ストレス度が低い." Furthermore, the following sentence says "過度な運動は……注意が必要だということだ." The two sentences focus on the levels of exercise and contrast them.

1　Because line 7 says "日常的に適度な運動をしている人は……," you might choose "日常的に," but after（　Ａ　）it says "過度な運動は……注意が必要だ," so we can see that the frequency of exercise does not matter.

2　Line 5 says "質のいい睡眠を取ること," but the question here is about exercise. It does not say anything about the "質 (quality)" of the exercise.

4　Line 5 mentions the need for "バランス (balance)" in one's diet, but this is not the answer because the question is about exercise.

读一下 "（　Ａ　）" 的前后，前一句中写有 "日常的に適度な運動をしている人は，ストレス度が低い"。后一句写的是 "過度な運動は……注意が必要だということだ"。前后两个句子关注的是运动的程度，是对比的关系。

1　在第 7 行写着 "日常的に適度な運動をしている人は……"，因此会想去选择 "日常的に"，但是在（　Ａ　）的后面，写着 "過度な運動は……注意が必要だ"，从而得知运动的频度不是问题。

2　虽然在第 5 行写有 "質のいい睡眠を取ること"，但这里问的是关于运动。没有写关于运动的 "質（质量）"。

4　第 5 行写了关于饮食，保持 "バランス（均衡）" 的必要性，但因为这是个有关运动的问句，所以不是答案。

Nếu đọc thử phía trước và sau "（　Ａ　）" thì sẽ thấy "日常的に適度な運動をしている人は，ストレス度が低い" trong câu trước. Ngoài ra còn có "過度な運動は……注意が必要だということだ" trong câu sau. Hai câu trước và sau này đều lưu ý đến mức độ tập thể dục và có mối quan hệ so sánh.

1　Vì ở dòng 7 có "日常的に適度な運動をしている人は……" nên sẽ có xu hướng chọn "日常的に" nhưng phía sau（　Ａ　）lại có "過度な運動は……注意が必要だ" nên ta hiểu ra rằng tần suất tập thể dục không phải là vấn đề được nhắc đến.

2　Tuy ở dòng 5 có "質のいい睡眠を取ること" nhưng cái đang được hỏi ở đây lại là chuyện tập thể dục. Không viết gì về "質 (chất lượng)" của việc tập thể dục.

4　Ở dòng 5 có viết về tính cần thiết của "バランス (sự cân bằng)" khi nói đến bữa ăn nhưng đề bài lại hỏi về việc tập thể dục nên đây không phải là câu trả lời đúng.

本文の内容をまとめよう！

テーマ「運動と心の健康」

　ある調査によると，東京都民の 83 パーセントが日常的に，または時々ストレスを感じているという。健康を保ちながらストレスを解消するには，質のいい睡眠と，バランスの取れた食事の他に，適度な運動をすることだ。しかし，過度の運動は心のバランスを崩すので注意が必要だ。

6

文中の（　　）に入るのはどれ？

重要な接続詞

接続詞は文と文の関係を表す言葉です。文章を読むときの大きなヒントになります。

Conjunctions are words that describe the relationship between sentences. They offer major clues when reading a sentence.
连词是表示句子之间关系的词汇。是阅读文章时的一个重要提示。
Liên từ là từ ngữ thể hiện mối quan hệ giữa câu với câu. Nó là gợi ý quan trọng khi đọc văn bản.

前の文とは反対のこと・違うことを言う表現　　A　⇔　B

Expressions used to say something opposite or different from the previous sentence
表示与前面的句子相反或不同内容的表达方式
Mẫu diễn đạt nói về điều trái ngược hoặc điều khác với câu trước

◆しかし，だが，ところが，けれども

例）インターネットは便利だ。しかし，使い方次第では危険も伴う。

　　　　A　　　　　　　　　⇔　　　　　　B

言い換え・まとめの表現　　A　=　B

Expressions used to paraphrase/summarize
置换、归纳的表达方式
Mẫu diễn đạt để nói lại theo cách khác hoặc tóm tắt

◆つまり，要するに，すなわち

例）今日は最高気温が35℃以上になる。つまり，猛暑日になるということだ。

　　　　A　　　　　　　=　　　　　　B

あることに，もう一つ加える表現　　A　+　B

Expressions used to add one more thing to something
在某件事上添加另一件的表达方式
Mẫu diễn đạt để nói thêm một điều nữa ngoài điều vừa nói

◆そのうえ，また，さらに，しかも

例）日本は高齢化が進んでいる。そのうえ，少子化も深刻な問題となっている。

　　　　A　　　　　　　+　　　　　　B

前に述べたことに，条件や例外などを追加する表現　　A　※　B

Expressions used to add a condition or exception to a previous statement
在前面提到的事上添加条件、例外等的表达方式
Mẫu diễn đạt để bổ sung điều kiện, ngoại lệ v.v. vào điều đã nói phía trước

◆ただし，ただ，なお

例）明日は野外イベントが行われる。ただし，雨天の場合は中止とする。

　　　　A　　　　　　　　※　　　　　　　B

38

話題を変える表現	A ／ B

Expressions used to change the subject
转换话题的表达方式
Mẫu diễn đạt để thay đổi chủ đề

◆ところで，さて

例）流行はどんどん変わっていく。<u>ところで</u>，今，1980年代の歌がブームらしい。

       A   ／   B

6

文中の（　　）に入るのはどれ？

問題1　次の文章の（　A　）に入るものとして，最も適当なものはどれですか。

　細長いカラダをしていて，目の横に七つの穴が並び，それが八つの目に見えることから　1
「ヤツメウナギ」と呼ばれる生き物がいる。

　その見た目から，「ウナギ」と名付けられ，他の魚と同じように食用としてかば焼きや，
みそ汁などにも利用されている。だが，実は，ヤツメウナギはウナギの仲間ではない。
（　A　），厳密には，魚類とも異なる生き物とされているのである。　　　　　　　　　5

　ほとんどの魚が，＊顎を持つ「顎口類」なのに対して，ヤツメウナギは顎を持たない
「無顎類」で，中でも「円口類」と呼ばれる種類に分類される。円口類は骨が未発達であ
ることが特徴だ。口が吸盤のような形状で奥に歯があり，強い吸引力でエサとなる魚に吸
い付き，身を食べたり，体液を吸ったりする。

　無顎類のほとんどが古生代に絶滅し，現在も生存しているのは，ヤツメウナギ類とヌタ　10
ウナギ類の2種類のみだ。顎を持たないというのは原始的な生物の特徴とされ，ゆえに，
ヤツメウナギは「生きた化石」と呼ばれている。

＊顎：人や動物の口の周りの硬い部分。口を開閉して，物を捕らえる働きがある。

1．ただ
2．しかし
3．ところで
4．しかも

問題2 次の文章の（　Ａ　）（　Ｂ　）の組み合わせとして，最も適当なものはどれですか。

　「白衣の天使」という言葉があります。看護師の白いユニフォームの清潔感，そしてその笑顔を表したものです。

　しかし，現在，看護師のユニフォームは白だけではなく，薄いピンクが使われることも多くなりました。薄いピンクには，患者，特に子どもの緊張感を和らげるという効果があるからです。

　また，手術室では青や緑といった色も使われています。では，手術室で青や緑が使われるのには，どんな理由があるのでしょうか。関係しているのは「補色」です。

　補色とは，反対色とも言い，赤と青緑は補色の関係です。長時間特定の色を見続けた後，白い物を見ると，見ていた色の補色が残像のように目に浮かび上がってくるのです。例えば，手術で赤い血を見続けた目で白いユニフォームを見ると，（　Ａ　）の補色である（　Ｂ　）がユニフォームに浮かんで見えてしまいます。そこで，手術着を青や緑にすることで，目を守っているのです。

1．Ａ：青緑　　　Ｂ：赤
2．Ａ：白　　　　Ｂ：赤と青緑
3．Ａ：赤　　　　Ｂ：白
4．Ａ：赤　　　　Ｂ：青緑

7

回目

実戦練習 | 問いが一つの問題

Practice 1: Problems with one question
实战练习1　一个问题的题
Bài tập thực hành 1: Dạng đề 1 câu hỏi

目標

□ □ 2～6回目で学習したことを応用できる。

□ □ 問いの意味を理解して，正しい答えが選べる。

Can apply what has been learned in Lessons 2 to 6. / Can understand the meaning of the question and choose the correct answer.
能够应用第2～6课所学内容。／能够理解问句的意思，挑选出正确答案。
Ứng dụng được những điều đã học ở Lần 2-6. / Hiểu được ý nghĩa câu hỏi và chọn được câu trả lời đúng.

問題1　下線部「経営者としての大きさ」とありますが，筆者は松下幸之助のどんなところにそれを感じましたか。　　　これは【4回目】の解き方で！

　もし，「これから会社の休日を週1日だけにします」と言われたら，若者たちはどう思 1
うだろう。週休2日制どころか，週休3日制の企業もある時代。週に1日しか休めないな
んて，信じられないかもしれない。だが，実際にそんな時代があったのだ。

　1965年，週休1日が当たり前だった時代に，「経営の神様」と呼ばれた*松下幸之助は，
日本の大企業で初めて週休2日制を導入した。ただ休みを増やすのではなく，労働時間を 5
減らすために，社員にも業務の効率化を求めた。業績の成長を求めながらも，週休2日制
を導入したその理由は，「1日は休養として，もう1日は社会人としての教養のために」。
休日を「休む」だけでなく，教養を身につけるための時間と考えたのだ。そこに，社員を
育てようとする経営者としての大きさを感じる。

*松下幸之助（1894年～1989年）：松下電気器具製作所（現社名：パナソニックホールディングス）の
　創業者

1．大きな企業の経営者だというところ

2．日本で初めて週休2日制を導入したところ

3．働く上で教養が大切だと考えたところ

4．「経営の神様」と呼ばれたところ

問題2　筆者は無人駅が増えると，どんなことが問題だと言っていますか。

これは【4回目】の解き方で！

　　現在，日本の鉄道駅の約半分は無人駅である。完全な無人駅ではなくても，夕方になれ 1
ば駅員が帰り，それ以降は無人になる駅もある。都道府県によっては，9割もの駅が無人
駅というところもあり，都市部と地方の格差は確実に存在する。

　　切符は自動券売機で売られ，改札も自動改札によって行われるが，サービスの中には，
人でなければできないものもある。代表的なのは，お年寄りや障がい者への*介助サービ 5
スだ。駅員が車椅子の乗客をサポートしているのは，都市部の駅ではすっかり見慣れた光
景だが，駅員がいなければ，当然ながらこのようなサポートは難しい。

　　駅の無人化は，地域の人口減少が主な原因だ。通学や通勤に鉄道を利用する人が減れば，
鉄道会社は赤字になる。経営が悪化し，**人件費が減らされた結果の無人化である。

＊介助：病人やお年寄りなどに付き添って，手助けをすること
＊＊人件費：会社が働く人のために使う費用。給料や保険料など。

1．切符が買えなくなってしまう。
2．介助が必要な人へのサービスができなくなる。
3．駅で働きたい人がいなくなる。
4．鉄道の利用者がさらに減る。

問題3　「イグ・ノーベル賞」について，筆者はどのように考えていますか。

これは【2回目】の解き方で！

　　毎年10月になると，ノーベル賞の受賞者が発表されるが，その前に発表される賞があ　1
る。「イグ・ノーベル賞」である。こちらは，「人々を笑わせ，いろいろ考えさせる研究」「ま
ねできない，まねするべきではない業績」に対して贈られる賞だ。

　　受賞研究のテーマは，例えば，「ハトにピカソとモネの絵を区別させることに成功」「バ
ナナの皮の滑る秘密の解明」など，実にユニークだ。タイトルを見ただけで笑顔になる。　5
犬の鳴き声を聞いて，何を言っているのかがわかるという「犬語の翻訳機の発明」という
ものまである。これは受賞当時，犬好きを中心に大きな話題になった。

　　例に挙げた研究や発明は，すべて日本人によるものだ。このようなニュースを見れば，
「ユーモアに欠ける」という日本人のイメージも変わるかもしれない。

　　ちなみに，この賞には賞金はない。「イグ・ノーベル賞」という名称は，「ノーベル」に　10
英語の否定を表す「イグ（ig）」をつけたものだ。「不名誉な」を意味する「ignoble」と
発音が似ている。名前からして，やはり面白い。

1．日本人の真面目なイメージを変えてしまう。
2．とても不名誉な賞だが，こういう賞があってもいい。
3．「賞」という名前がついているのに賞金がないのはおかしい。
4．ユニークな研究が多く，面白い賞だ。

問題4　犬の嗅覚が人間より優れているのはどうしてですか。

これは【5回目】の解き方で！

　犬の嗅覚が優れているのはよく知られている。その嗅覚を活かし，被災地では救助犬，空港や港などでは麻薬探知犬として活躍している。

　犬の嗅覚は人間の数千倍とも言われる。特定のにおいに至っては，人間の100万倍以上の嗅覚を持つ。なぜこのように，嗅覚が優れているのか。それは，犬の鼻はにおいを受け取る部位の面積が広く，細胞数も多いためだ。

　では，その嗅覚が働く距離はどうなのだろうか。意外なことに，においをキャッチできる距離となると，最大でわずか3mほどだ。救助犬も，遠くのにおいではなく，足元のにおいを嗅ぎ取っているということである。

5

1．強いにおいも弱いにおいも嗅ぎ取るから

2．遠くのにおいも嗅ぎ分ける細胞があるから

3．犬は人間より鼻の細胞が多いから

4．鼻の細胞が人間の100万倍近くあるから

8回目 実戦練習2　問いが一つの問題（お知らせ）

Practice 2: Problems with one question (Notice)
实战练习2　一个问题的题（通知）
Bài tập thực hành 2: Dạng đề 1 câu hỏi (Thông báo)

目標

□　□　2回目の解き方を応用できる。

□　□　選択肢を読んで，「お知らせ」のどこを見たらいいかがわかる。

Can apply the problem-solving method learned in Lesson 2. / Can find where to look in the "Notice" below by reading the choices.
能够应用第2课的解答方法。／读选项，知道应该看"通知"的哪一部份好。
Ứng dụng được cách giải bài trong Lần 2. / Biết được nên xem chỗ nào trong "Thông báo" sau khi đã đọc các lựa chọn.

問題1　次のお知らせの内容と合っているものはどれですか。

三和第一小学校との交流会　参加者募集

留学生の皆さん，三和第一小学校の児童との交流に参加しませんか。

この交流会は「子どもたちに世界を知ってほしい」という小学校からの声で始まり，

今回で7回目を迎えました。ぜひ，参加してください。

【説明会】5月18日（水）・19日（木）・20日（金）　14：00 ～

　　　　　　山本キャンパス8号館320教室

　　　　　※1時間程度を予定しています。

　　　　　※上記日程より都合のいい日を選び，必ずご参加ください。

【交流会日時】6月10日（金）　14：00 ～ 16：00

【参加条件】秋川大学の留学生（1年生～4年生・大学院生）

　　　　　※国籍，学部は問いません。前回の交流会参加者も歓迎！

【募集人数】15名程度　※希望者が多い場合は抽選となります。

【問い合わせ】秋川大学留学生課（XX-XXXX-XXXX）

1．参加希望者は事前の説明会に参加する。

2．募集は先着15名で締め切られる。

3．前に参加したことがある人は参加できない。

4．他の大学の留学生でも参加することができる。

問題2　次のお知らせの内容と合っているものはどれですか。

ボランティア募集

先週の大雨により，東西市では市内の広い範囲で大きな被害が出ています。
現在までに1,000戸近い被害が報告され，後片付けが進められています。
しかし，一人暮らしのお年寄りや，体の不自由な方のお宅では人手が足りず，なかなか作業が進んでいない状況です。ぜひ，あなたの力を貸してください。

【ボランティアの内容】市内の被害家屋における片付け作業

作業に必要な長靴やバケツなどは，*当方で用意します。

動きやすく，汚れてもいい服装でお願いします。

【活動日】9月10日（土）〜23日（金）のうち，

都合のいい日（1日からでも歓迎）

10：00〜17：00　※1日最低2時間可能な方

【条件】高校生以上の健康状態が良好な方，体力に自信のある方

東西市内に通学，通勤，またはお住まいの方

※長時間作業する場合，食事は各自ご用意ください。

【お問い合わせ】東西市災害課ボランティア募集係（電話：XX-XXXX-XXXX）

＊当方：こちら

1．長い時間作業する人には食事が出る。

2．東西市に住んでいなければ参加できない。

3．中学生でも東西市在住なら参加資格はある。

4．作業に必要な道具は，自分で用意しなくていい。

問題3　次のお知らせの内容と合っているものはどれですか。

京葉大学学園祭
特別講演『映像の世界に生きて』

本学卒業生であり，世界で活躍する映画監督・木村恵太氏をお招きして

『映像の世界に生きて』をテーマにお話しいただきます。

世界をフィールドに生きる監督の言葉は，未来へのヒントを届けてくれるはずです。

■講演日時：11月4日（金）15：00 ～ 16：30

　（1時間の講演後，質疑応答あり）

　※多少延長する場合がございます。

■会場：京葉大学Aホール

■定員：1,000名

■入場料：無料

■入場方法：当日10：00よりAホール入り口にて整理券を配布します。

　　　　　　　ご入場の際はこの整理券が必要となります。

　※一人3枚までとなります。

　※定員になり次第，配布終了とさせていただきます。

■問い合わせ：京葉大学学園祭実行委員会（XX-XXXX-XXXX）

【講演者　プロフィール】

1978年東京生まれ。映画監督。

父親の仕事の関係で，アメリカとカナダで小学校時代を過ごす。

京葉大学芸術学部映画学科に在学中より，映画製作をスタート。

テレビドラマ，ドキュメンタリー映画のアシスタントを経て，映画監督に。

『明日の子』で世界映画祭グランプリを受賞。

1．入場は無料だが，電話で申し込まなければならない。

2．10時までに並べば，必ず入場することができる。

3．講演する人は，この大学の卒業生だ。

4．入場希望の人は，前の日に整理券をもらう。

問題4　次のお知らせの内容と合っているものはどれですか。

北川市農業同好会

プチ農業体験会

都会で，自分だけの小さな農園を持ちませんか。

農業が気軽に楽しめる「シェア農園」が，今，人気です。

「興味はあるけれど，自分にできるかどうか心配」という方のために体験イベントを

企画しました。

土に触れ，野菜を育てる……そんな作業の流れをプチ体験できます。

ご希望の方は，その場で「シェア農園」をご契約になれます。

経験豊富なスタッフが，サポートいたします。

ご家族やお友達と，またお一人でも……ふるってご参加ください。

■開催日時：1月6日（土）・13日（土）・20日（土）・27日（土）

　　　　　各日11：00～・13：00～の2回開催（各回1時間を予定）

　　　　※シェア農園（有料）の契約をご希望の方は，スタッフにお知らせください。

■参加費：無料

■持ち物：作業に必要な道具は，こちらでご用意します。

■参加申し込み：全回予約制です。（お一人様1回とさせていただきます。）

　　　　　　　ご希望の方は，お電話にてご予約ください。

■お問い合わせ／ご予約　XX-XXXX-XXXX

　お気軽にお問い合わせください。

1．希望者は体験会に何回でも参加していい。

2．参加者は体験後，契約しなくてもいい。

3．参加者は必要な道具を，自分で用意しなければならない。

4．シェア農園は1年間無料で利用することができる。

9 回目

実戦練習 3　問いが二つの問題①

Practice 3: Problems with two questions (I)
实战练习3　两个问题的题①
Bài tập thực hành 3: Dạng đề 2 câu hỏi ①

<ruby>目標<rt>もくひょう</rt></ruby>

□　□　2〜6<ruby>回<rt>かい</rt></ruby><ruby>目<rt>め</rt></ruby>で<ruby>学習<rt>がくしゅう</rt></ruby>したことを<ruby>応用<rt>おうよう</rt></ruby>できる。

□　□　<ruby>少<rt>すこ</rt></ruby>し<ruby>長<rt>なが</rt></ruby>い<ruby>文章<rt>ぶんしょう</rt></ruby>に<ruby>慣<rt>な</rt></ruby>れる。

Can apply what has been learned in Lessons 2 to 6. / Can get used to sentences that are a bit longer.
能够应用第 2 〜 6 课所学内容。/ 习惯于稍长的文章。
Ứng dụng được những điều đã học ở Lần 2-6. / Quen với văn bản hơi dài.

問題1　次の文章を読んで後の問いに答えなさい。

　日本の学校給食の始まりは 1889 年のことだ。ある地方の寺の中にある私立小学校で，　1
貧しい家の子どもたちに食事を提供したのが始まりだったという。戦争で一時中断*を余
儀なくされた。**戦後，食糧不足で栄養状態の悪い子どもたちが増加したことから給食
を希望する声が高まり，再開された。

　おなかを満たすことが目的だった給食の役割は，時代とともに変化してきた。現在の給　5
食には「食育」という役割が期待されている。食育の「育」は，教育の「育」と同じ。「食
育」は，栄養バランスに関する知識や，安全な食品の選び方について勉強するだけでなく，
食事のマナーや地域の食文化などを幅広く学ぶものだ。給食を通して，日常的に子どもた
ちに食の大切さを伝えることができる。

　学校だけではなく，もちろん家庭での教育も重要だ。食事が生活習慣の形成に大きな影　10
響を与えることを，まず大人が十分に理解しなければならない。何を，いつ，どんな環境
で食べさせるか。子どもたちにとって，食べることが「楽しい」と思えるものであってほ
しい。今，改めて，大人も食について学び直すべきではないだろうか。そこから「食育」
が始まる。

*〜を余儀なくされる：〜をしなければならなくなる
**戦後：第二次世界大戦（1939 〜 1945 年）が終わった後

問1 文章の中で食育が必要なのは，誰だと言っていますか。

これは【4回目】の解き方で！

1．貧しい子どもたち
2．戦後間もない頃の子どもたち
3．子どもたちと大人たち
4．給食を作る大人たち

問2 この文章の内容と合っているものはどれですか。

これは【2回目】の解き方で！

1．「食育」で学ぶことは，食の知識，マナー，食文化など幅広い。
2．学校給食は，1889年に日本全国でいっせいに始まった。
3．日本の学校には「食育」という授業の時間がある。
4．学校と家庭では「食育」の内容を分けて教えるべきだ。

問題2　次の文章を読んで後の問いに答えなさい。

　国際宇宙ステーション（ISS）から地球を撮った画像を，見たことがありますか。そこ　1
に写っているのは，夜の時間帯の地域に浮かぶ明かり。特に，先進国の夜の明るさは*一
目瞭然です。私たちは，宇宙から見えるほどの電気を消費しているのです。

　ところで，「光害」という言葉を知っていますか。私たちの生活には，適度な照明環境
が欠かせません。しかし，この照明が時には悪影響を及ぼすことがあります。　　　　　5

　例えば，店や道路の照明が夜通し点灯し続けることで，夜行性の動物の活動に悪影響を
及ぼすことがあります。また，長時間にわたって光に当たる街路樹は，落葉が遅れると
いった例も見られます。影響を受けるのは動植物だけではありません。道路などの照明が
部屋に入ることで，住人のプライバシーを侵害したり，睡眠を妨げたりすることも光害の
一つと言えるでしょう。このように光害は，（　A　）。　　　　　　　　　　　　　10

　ここで，今度は地球から宇宙を見てみましょう。あなたの住む場所から，夜空の星が見
えますか。もし見えなかったら，それも「光害」の一つです。照明を使わずに生活するこ
とはできません。しかし，光が私たちに与える負の作用も考える必要があるでしょう。

＊一目瞭然：少し見れば，すぐにわかること

問1　（　Ａ　）に入るものとして，最も適当なものはどれですか。

これは【6回目】の解き方で！

１．少しずつ改善が見られるようになってきたところです。

２．幅広い影響を及ぼすものとして，問題視されています。

３．将来的に大きな影響を及ぼす可能性があります。

４．動植物と人間の活動時間をはっきりと分ける効果があります。

問2　この文章で筆者が最も言いたいことはどれですか。

これは【3回目】の解き方で！

１．夜空の星が見えるように，早急に対策をしたほうがいい。

２．照明は必要なものだが，悪影響があることも忘れてはならない。

３．プライバシーが守られるような照明の使い方をするべきだ。

４．害があるので，照明を使わないようにするのがいいのではないか。

問題3　次の文章を読んで後の問いに答えなさい。

　パンダの食事といえば，多くの人が竹を思い浮かべるだろう。実はパンダはかつて肉食　1
だった，ということをご存じだろうか。自然界における動物たちの生存競争は実に厳しい。
常に動物を捕まえるのは困難である。環境に適応するために一年を通して手に入れやすい
竹を主食とする食生活へと変え，雑食となったのだ。

　パンダはよく食べ，よく寝る。一日の半分ほどを寝て過ごし，起きている間は，少しウ　5
ロウロすることもあるが，ほとんどの時間を食事に費やしている。それは，竹から多くの
栄養を摂るのが難しいからだ。長い時間をかけて大量の竹を食べ，その上さらに体力を消
耗しないように，長時間寝なければならない。気楽に過ごしているように見えるが，そこ
にははっきりした理由があったのだ。

　そんなパンダの特技の一つが木登りだ。赤ちゃんパンダでも，器用に高いところまで登　10
る。これは野生ならではの行動で，強い敵から身を守るための習性なのだ。動物園で生ま
れて育ったパンダでも，立派な「野生」なのである。実に面白いものだ。

問1　パンダが竹をたくさん食べるのはなぜですか。

これは【5回目】の解き方で！

1．パンダは竹しか食べられないから

2．長時間寝るので，すぐ空腹になるから

3．竹から多くの栄養を摂るのが難しいから

4．パンダは竹が大好物だから

問2　下線部「実に面白いものだ」とありますが，筆者は何が面白いと言っていますか。

これは【4回目】の解き方で！

1．動物園にいても敵から身を守る必要があること

2．まだ赤ちゃんなのに木登りを教えること

3．動物園で生まれても，野生の習性を持っていること

4．竹を食べるイメージが強いが，実は肉食だということ

10 回目

実戦練習 4　問いが二つの問題②

Practice 4: Problems with two questions (2)
实战练习 4　两个问题的题②
Bài tập thực hành 4: Dạng đề 2 câu hỏi ②

目標

□ □ 2 ～ 6 回目で学習したことを応用できる。

□ □ 長い文章に慣れる。

Can apply what has been learned in Lessons 2 to 6. / Can get used to long sentences.
能够应用第 2 ～ 6 课所学内容。／习惯于长文章。
Ứng dụng được những điều đã học ở Lần 2-6. / Quen với văn bản dài.

問題1　次の文章を読んで後の問いに答えなさい。

「いらっしゃいませ。ご注文はお決まりですか」　　　　　　　　　　　　　　　　1

「チーズケーキ二つと，ホットコーヒー二つ，お願いします」

「はい，かしこまりました。少々お待ちくださいませ」

　——カフェの客と店員の間でよく交わされる会話です。でも，実は，この店員はロボッ

トなのです。そして，このロボットから聞こえてくるのは，人間の声。声の主は，＊遠隔　5

操作によってロボットを通して接客する「スタッフ」なのです。つまり，接客をしている

スタッフは（　A　）。難病で思うように動けない，寝たきりの状態などといった事情を

抱えている人たちが働いているのです。海外に住みながら遠隔操作を使って接客している

人もいます。

　もちろん，注文を取るだけではなく，接客の合間に客との会話を楽しむこともできます。10

これまでなら「無理だ」とあきらめていたことでも，技術の進歩とアイデアで可能性が広

がっています。もし病気が進行して，将来的に声を出すのが困難になっても，録音してお

いた音声を使って働くことができます。

　働き手不足の時代に，こうした働き方は，雇用主にとっても，働きたい人にとってもメ

リットがあり，とても素晴らしいことだと思います。　　　　　　　　　　　　　　　15

　また，こんな店も話題になりました。スタッフが客の注文を間違える料理店です。この

店では，接客スタッフはすべて認知症の人々。この店を訪れる客は，それを知った上で来

店しています。注文した料理が間違っていても，忘れていても，「まあ，いいか」と構え

ているのです。実際，ミスをしても客からの苦情はありません。それどころか，ミスから

コミュニケーションもふくらんで，和やかな空気が流れます。　　　　　　　　　　　　20

＊遠隔操作：手元にある機械を使って，離れた場所にある機械などを動かすこと。リモートコントロール

問1　（　A　）に入るものとして，最も適当なものはどれですか。

これは【6回目】の解き方で！

1．一人しかいないのです

2．店内にはいないのです

3．日本にはいないのです

4．機械の操作はできないのです

問2　この文章の内容と合っているものはどれですか。

これは【2回目】の解き方で！

1．ロボットで接客するカフェでは，客との会話を楽しみたい人だけ働いている。

2．注文を間違える料理店では，ロボットが接客をしている。

3．現在は，働きたいと思っている人が全員働ける時代だ。

4．さまざまなアイデアにより働く可能性が広がっている。

問題2　次の文章を読んで後の問いに答えなさい。

　あなたは，洋服を買うとき，その洋服の「将来」を想像して選んでいるだろうか。「将　1
来」とは，あなたが洋服を手にした，その後のことである。近年，若い人を中心にファス
トファッションが人気だ。手頃な値段の物が多いため，短い期間で服を手放す人もいる。

　服を手放す方法は「捨てる」だけではない。フリーマーケットやアプリで売る，リサイ
クルショップに売るという方法もある。また，必要とする機関に寄付したりすることもで　5
きる。SDGs の広がりで，「捨てる」以外の選択肢が増えているのはいいことだ。しかし，
手放したその後のことを考えているのだろうか。

　日本から遠く離れた中南米の砂漠に，大きな「山」ができているのをご存じだろうか。
一面に美しい花が咲き，多くの観光客が訪れるというエリア。そのすぐ近くに，奇妙な
「山」がある。山を作り上げている物を見ると，それは洋服や靴だ。先進国で大量生産され，　10
売れ残った物や古着が集められ，捨てられているのだという。

　問題は，砂漠の景観だけではない。それらは天然繊維ではなく，化学繊維で作られた物
も多いということだ。年月が経っても自然分解されず，そのまま砂に埋もれることで環境
汚染の原因にもなる。恐ろしいことに，火事が起こり，有毒ガスが発生することもあると
いう。　15

　そもそも，この地は自由貿易港が近くにあり，衣料品の関税が免除されている。そのた
め，先進国からファストファッションの売れ残りや古着が，次々と輸入されるのである。
しかし，結局，そこでも売れ残って行き場を失った物が，この砂漠に運ばれているという
わけだ。

　もちろん，これは*不法投棄であり，犯罪である。このような状況は，中南米の他にア　20
フリカなどでも起きており，年々深刻になっている。

　では，私たちができることは何だろうか。それは，洋服を買うときに，その洋服の「将
来」を考えることだ。10 年後に同じ服を着ているだろうか。きちんと手入れをしたら長
く着られるだろうか。ほんの小さな意識改革で，「山」を小さくすることも可能なはずだ。

*不法投棄：法律で決められた方法を守らずに，物を捨てること

問1　下線部「大きな『山』ができている」一番の理由は何ですか。

これは【5回目】の解き方で！

1．SDGsの取り組みが広がっているから

2．服を手放す方法がいろいろあるから

3．売れ残って，捨てられた物が集まったから

4．天然繊維を使った製品が大量に作られているから

問2　この文章で筆者が最も言いたいことはどれですか。

これは【3回目】の解き方で！

1．洋服を買うときに，手に入れた後のことまで考えるべきだ。

2．できるだけファストファッションを買わないようにするのがいい。

3．洋服をリサイクルショップに売らず，必要なところに寄付したほうがいい。

4．ゴミを減らすために，どうしたら洋服が売れ残らないかを考えるべきだ。

実戦練習5　問いが三つの問題

Practice 5: Problems with three questions
实战练习5　三个问题的题
Bài tập thực hành 5: Dạng đề 3 câu hỏi

目標
もくひょう

□　□　2〜6回目で学習したことを応用できる。

□　□　長い文章に慣れる。

□　□　時間を意識して，解くことができる。

Can apply what has been learned in Lessons 2 to 6. / Can get used to long sentences. / Can solve the problem while being aware of the time.
能够应用第2〜6课所学内容。／习惯于长文章。／能够想着时间解答问题。
Ứng dụng được những điều đã học ở Lần 2-6. / Quen với văn bản dài. / Giải được bài khi có canh thời gian.

問題1　次の文章を読んで後の問いに答えなさい。

　留学，就職，結婚など，目的はさまざまですが，自国や故郷を離れて，異文化の中での　1
暮らしを経験する人は少なくありません。異なる言語，食文化，習慣に触れたとき，多か
れ少なかれ体験することになるのが「カルチャー・ショック」です。

　カルチャー・ショックとは，自文化と異なる環境に置かれたことで，不安を覚えたり，
どうしたらいいか戸惑ってしまったりすることで，それが原因で強いストレスを感じるこ　5
ともあります。（　A　），カルチャー・ショックから自分を守るためにはどうしたらいい
のでしょうか。それは，あらかじめ異文化適応のプロセスを知っておくことです。

　よく知られているものに，ノルウェーの社会学者リスガードが提唱した「U字曲線」が
あります。これは，一般的な異文化適応を「ハネムーン期」「ショック期」「回復期」，そ
して「適応期」の四つの段階に分け，その変化をU字のカーブで示したものです。　10

　まず，「ハネムーン期」とは，新しい環境に対する期待や好奇心が強く，見るもの聞く
ものすべてが楽しく，ポジティブに感じられる期間と言えます。

　やがて初期に楽しいと感じられたことが，徐々に疲労感や孤独感に変わり，ストレスを
ため込んでいく時期が来ます。これを「ショック期」と呼びます。U字曲線の底に当たり，
この段階がカルチャー・ショックと呼ばれます。　15

　ただ，それを過ぎると，少しずつその文化にも慣れていき，ショック期に感じたストレ
スが減っていきます。これが「回復期」で，日常的な問題は少しずつ解決していきます。

　そして，最後が「適応期」です。この時期には，異文化でさまざまなことを学び，自身
が成長できていることを実感できるでしょう。自文化との違いも広い視点で捉えることが

でき，異文化に適応できた心地良さを感じる人もいるはずです。

　すべての人がこの通りのステップを踏むわけではありませんが，「自分だけではない」
と，客観的にカルチャー・ショックを受け止めることができるのではないでしょうか。

問1　この文章の異文化とはどんなものですか。

これは【4回目】の解き方で！

1．自国の文化ではなく外国の文化

2．言語，食文化，習慣などが異なる文化

3．いつまでも慣れることができない文化

4．留学，就職，結婚などさまざまな目的を持つ文化

問2　（　A　）に入るものとして，最も適当なものはどれですか。

これは【6回目】の解き方で！

1．では

2．ただし

3．さらに

4．つまり

問3　この文章の内容と合っているものはどれですか。

これは【2回目】の解き方で！

1．異文化適応の四つのプロセスは誰でも経験することだ。

2．ショック期を体験しなかった人は，適応期の成長を実感しにくい。

3．カルチャー・ショックは，U字曲線の底に当たると言われている。

4．カルチャー・ショックは一般的に長期間続くことはない。

実戦練習5　問いが三つの問題

11

問題2　次の文章を読んで後の問いに答えなさい。

　ペットを飼っている人の中には，飼っている動物を家族の一員のように考え，大切に育　１
てている人も多い。その一方で，動物が置かれている環境について問題になることが少な
くない。例えば，悪質な多頭飼育（たとうしいく）である。動物が子どもを産んで飼育数が増えたのにもか
かわらず，エサの量や飼育環境を考えず，劣悪な環境のまま飼育するケースがある。飼い
主としての責任を放棄（ほうき）しているとして，逮捕者も出ている。人間のエゴがもたらす犯罪だ。　５

　また，ヨーロッパでは，夏のバカンスシーズンになると数週間単位の長期旅行に出かけ
る家族が多い。そのため，旅行期間中にペットの世話をすることができず，捨てられる
ペットの数が急増するという。

　こうした背景を受けて，フランスでは動物愛護に関する法律の改正が行われた。国は，
ペットショップでの*衝動買いが大きな理由の一つであるとし，ペットの購入者に対し，　１０
飼育に関する知識があることを証明する書類の提出を義務付けるなど，購入のルールを定
めた。さらに，ペットショップでの犬や猫の販売を禁止し，すべての動物のショーケース
での展示も禁止した。

　当然ながら，この決定にはペットショップ業界から強い反対意見も出ている。政治家に
よるショーだという意見もある。確かに，ペットショップの販売だけに問題があるとは言　１５
い切れない。そう考えると，少し厳しすぎるのではないだろうか。

　現在，各国で，動物ができるだけストレスなく健康的に暮らしていける環境作りが呼び
かけられている。日本ではあまり知られていないが，「アニマルウェルフェア」という考
えに基づくものだ。これは，「快適さに配慮した家畜の飼育管理」を意味し，感受性のあ
る生き物として家畜に接するという考えだ。「アニマルウェルフェア」を学ぶことは，人　２０
間と動物の共存を考えることであり，生物全体の住環境を見直すことにつながる。

　人間だけではなく，動物たちにも幸せに暮らす権利はある。動物の命とどう向き合うか
は，社会全体の課題に他ならない。

＊衝動買い：予定にはなく，突然「欲しい」という気持ちが生まれ買ってしまうこと

問1　下線部「こうした背景」とは，何を指していますか。

これは【4回目】の解き方で！

１．ペットを動物ではなく家族の一員と考える人が増えていること

２．自分の都合でペットの世話ができなくなり，手放す人が増えていること

３．ペットの世話を放棄した飼い主の逮捕が急増していること

４．法律でペットショップに関する規制を強化したこと

問2　ペットの販売に関する法律改正について，筆者はどう考えていますか。

これは【2回目】の解き方で！

１．動物のことを考えた法律だが，少し厳しすぎるのではないか。

２．政治家によるショーに過ぎず，あまり意味がない。

３．ペットショップ業界からの反対は，これからも強まりそうだ。

４．法律が改正されるだけの理由があるのだから仕方がない。

問3　この文章で筆者が最も言いたいことは何ですか。

これは【3回目】の解き方で！

１．日本が「アニマルウェルフェア」のリーダーになってほしい。

２．ペットショップで動物を衝動的に買うのはやめるべきだ。

３．人間の責任として，動物たちの幸せについて考えなければならない。

４．動物に関する法律は，日本でももっと厳しくしたほうがいい。

11

実戦練習5　問いが三つの問題

I　下線部「これ」は，何を指していますか。　　　I

　私たちがはちみつを食べることができるのは，ミツバチのおかげです。

　ミツバチには「女王バチ」と「働きバチ」がいますが，働きバチがどんな「仕事」をしているか知っていますか。実は，その仕事には段階があります。

　まず，働きバチは，巣の中の掃除を担当します。しばらくすると，今度は幼虫の世話が主な仕事になります。そして，巣の安全を守るための見張り番もするようになり，最後に花粉を運ぶ大切な役割を担うのです。これを知って，親近感がわきました。

　人間社会の仕事も同様に少しずつステップアップしていきます。簡単な仕事から，経験を重ねるにつれて難しい仕事に挑戦するようになるのです。

１．人間の仕事にも段階があること

２．働きバチの仕事がいくつかの段階に分かれていること

３．女王バチは子どもをたくさん産まなければならないこと

４．ハチの世界にも上下関係があること

定期健康診断のお知らせ

当大学が実施している定期健康診断は，皆さんの健康維持，*疾病の早期発見，

さらに校内における感染症の予防を目的として，毎年実施しています。

健康状態は変化します。毎年1回，必ず受けてください。

【日程】新入生：4月11日（月）〜22日（金）

　　　　　　　各日10：00〜15：00（所要時間は30分程度）

　　　　新入生以外：4月14日（木）〜28日（木）

　　　　　　　各日10：00〜15：00（所要時間は30分程度）

【会場】東西大学保健管理センター

【予約】保健管理センターのウェブサイトにて予約の上，受診してください。

【注意事項】①学生証を必ず持参してください。

　　　　　　②脱ぎ着しやすい服装で来てください。

　　　　　　③予約時間を厳守してください。

※時間によって定員があります。希望の日時が予約できない場合もありますので，で

　きるだけ早く予約してください。

※費用は無料です。（この期間に受けず，各自，医療機関で受ける場合は有料）

※定期健康診断を受診しない場合は，今後の健康診断証明書の発行ができなくなりま

　す。忘れずに受診してください。

東西大学保健管理センター

（問い合わせ：XX-XXXX-XXXX）

＊疾病：病気

1．新入生は22日までなら予約しなくても受けられる。

2．期間内に受けなかった場合，保健管理センターで有料で受けられる。

3．大学在学中に，必ず1度は受けなければならない。

4．東西大学の学生は，保健管理センターで無料で受けることができる。

Ⅲ　次の文章の内容と合っているものはどれですか。　　　　　　　　　　　　3

　「1,234.56」という数字があるとしましょう。「,」はカンマで，1000 以上の数字を３ケ
タごとに区切る際に用いられます。「.」はピリオドで，小数点として用いられます。私
たち日本人には普通の使い方ですが，果たして，二つの記号の使い方は，世界共通なので
しょうか。

　改めて調べてみたところ，意外とこれが「普通」ではないことがわかりました。アメリ
カ，イギリス，中国，韓国などは日本と同じです。しかし，イタリア，ドイツ，スペイン
などでは「,」と「.」が逆になるのだそうです。さらに，北欧や東欧などでは，「,」の
部分は半角のスペースのみで記号はなく，小数点には「,」が使われているのです。

　このように，自分の文化の中では当たり前だと思うことでも，違う文化の中では仕組み
やルールが異なることが，まだまだありそうです。

１．日本とドイツのカンマとピリオドの使い方は同じだ。

２．スペインでは「,」は使わず，半角のスペースを空ける。

３．ドイツと韓国の「1,234.56」は同じ数値を表す。

４．中国の「1,234.56」は，北欧では「1 234,56」と表す。

Ⅳ 下線部「意外な発見」とありますが，筆者は何が意外な発見だと思いましたか。 ④

　＊絶滅危惧種に指定されているハシビロコウという鳥がいる。この鳥の特徴として，巨大なくちばしと強い目力が知られているが，最大の特徴は，長い時間動かず，じっとしているということだ。

　野生のハシビロコウは，沼などに生息し，夜間に活動することが多い。主に魚などを食べるため，魚が水面に出てくるのを，ひたすら待つ。そして，魚が浮上してきたタイミングで，大きなくちばしで，素早く魚を捕まえるのだ。

　しかし，動物園などで飼育されているハシビロコウはよく動く。動物園では，定期的にエサが与えられるため，野生のようにじっとしている必要がないのだ。このように，動物は生息する環境によって行動を変えることがある。意外な発見である。

＊絶滅危惧種：地球上から消えてしまう可能性のある生物

1．ハシビロコウは怖いイメージだが，意外とかわいいということ
2．同じ動物でも，環境が違うと異なる行動をすることがあること
3．ハシビロコウは何を食べるかわからなかったが，魚を食べること
4．野生と動物園で飼育されている動物では，外見が違うこと

12

模擬試験

Ⅴ　下線部「記憶の中にしか存在しない」のはなぜですか。　　　5

　夏になると思い出す光景があります。わたしの故郷は地方の小さな町で，特に自慢できるところはないのですが，夏だけはにぎわいを見せるのです。それは，海。日本海に面しているので，町の海水浴場には県内はもちろん，他県からも大勢の海水浴客が訪れます。食事や休憩のための「海の家」もオープンし，夏休みの楽しみでもありました。

　先日，地元の友人と話していたときのことです。「最近は海水浴客も減ったのかな」と私が聞くと，友人は不思議そうな顔をします。そして，「とっくに，海水浴客なんかいなくなったよ」と言うのです。聞けば，海岸が年々，*浸食され，今は海水浴場もなくなり，他県からの客はもちろん，地元の人も泳いでいないそうです。あの夏の海は，記憶の中にしか存在しないのです。

＊浸食：波や雨が，岩や土を削りとること

１．筆者はもう故郷に帰らないから
２．海で泳ぐことが禁止されてしまったから
３．以前のような海岸ではなくなったから
４．今，筆者が住んでいるところには海がないから

Ⅵ　この文章の内容に合うものとして，最も適当なものはどれですか。　　　　　6

　冬の天気予報には，「西高東低」という用語がよく登場する。これは，日本の西側には高気圧，東側には低気圧があるという，気圧配置を意味する用語だ。

　西高東低の気圧配置により，日本列島は厳しい寒さに見舞われる。ただし，地域によってその影響は大きく異なる。大陸のシベリア方面から日本海を渡ってくる冷たい風が，海上で水蒸気を大量に蓄える。その水蒸気により発生した積乱雲が，日本海側には雪や雨を降らせ，その後は山を越えて，乾いた風となる。結果，太平洋側は乾燥した晴天となるのである。

１．冷たい空気が山を越えるとき，水蒸気が発生して雨がよく降る。

２．日本の西側に低気圧，東側に高気圧という配置は，夏によく見られる。

３．太平洋側から日本海側に寒気が流れるので，太平洋側はよく晴れる。

４．水蒸気を含んだ空気が，積乱雲を発生させ，日本海側で雪を降らせる。

VII 鏡文字の説明として，正しいものはどれですか。

　文字を覚えたばかりの子どもが「鏡文字」を書いてしまうケースがある。鏡文字とは，左右が反転したような形になることで，ちょうど鏡に映したようになることからそう呼ばれる。例えば，「き」や「さ」といったひらがなの鏡文字は思い浮かべやすいだろう。

　なぜそのような現象が起きるのか。明確な原因は不明だが，一つの要因として，「左右の把握」が関係しているのではないかと言われている。子どもにとって，上下の区別は比較的理解しやすいが，左右の区別となると難しく，すぐに判断するには時間を要することがある。そのため，文字にもその混乱が現れてしまう，というのだ。

　一般的には「ミス」とされる鏡文字だが，興味深いことに，大人が意図的に鏡文字を書いた場合，脳トレーニングになるのだという。

１．幼少期に左右の区別が難しいため起きる現象だ。
２．脳トレーニングとして生まれたものだ。
３．鏡文字になるのは「き」と「さ」だけだ。
４．上下の区別がつきにくく起きる場合もある。

　人の理想的な睡眠時間は7時間から8時間と言われるが，動物たちはどうなのだろうか。犬，猫，ウサギなど，身近な動物たちについては，おそらく知っている人も多いだろう。アメリカのある大学の調査によると，これらの動物たちの睡眠時間は大体10時間から12時間というデータがあり，トラは16時間弱，ライオンは13時間を超えるというデータがある。人間以上に，よく寝ているのである。

　反対に，睡眠時間が短いことで知られているのがキリンだ。平均2時間弱。草食動物ゆえ，エサを長時間食べ続ける必要があるが，あの大きな体が2時間の睡眠でもつのだろうか。何より特徴的なのは，飼育されているキリンの寝姿だ。長い首をぐるりと曲げ，お尻に頭をちょこんと乗せて，まるで（　Ａ　）形になる。

　ちなみに，野生のキリンは，敵に備えて立ったまま寝る。木の一部になったかのように，木にもたれかかって寝るのだ。

1．木の一部になったような

2．人が横向きに寝ているような

3．仰向けになったような

4．大きな輪のような

IX 行政代執行について，正しい説明はどれですか。 9

　空き家問題が深刻化している。「ゴミの不法投棄」「放火」といった防犯上の問題に加え，自然災害の際の建物崩壊など，周囲への影響も問題となっている。

　当然ながら，空き家の管理は所有者の責任だ。だが，所有者と連絡が取れない，また連絡が取れても，所有者が対応を拒否するといった事態になった場合，「行政代執行」が行われる。

　これは市町村が所有者に代わって，適正な管理状態になるよう対策を行う制度だ。そのまま放置すれば倒壊等の危険性や，周辺の生活環境に悪影響を及ぼす可能性がある空き家について，危険な樹木の伐採，ゴミの処分，解体などを行政が行うものだ。

　中には，行政がやってくれるのだから，自分は費用を負担する必要がないと，安易に考える所有者もいる。しかし，かかった費用は，後に行政より請求される。

１．所有者が行政に依頼して，空き家を壊してもらう制度だ。

２．所有者による適正な管理が難しい場合，行政によって行われる。

３．空き家問題にとって最善の対策として，積極的に進められている。

４．老朽化して倒壊の危険がある場合だけ，この制度が執行される。

X　次の文章の（　Ａ　）に入るものとして，最も適当なものはどれですか。 10

　「客動線」という言葉がある。買い物をするために店を訪れた客が，どのような流れで店内を歩くかを表す言葉だ。客動線が長くなれば，客が店にいる時間が長くなり，商品を見たり買ったりする機会が増える。そのため，店側は理想的な客動線になるよう，建物の設計や商品の配置を工夫している。デパートなどで，途中の階でエスカレーターの進行方向を変え，客にあえて遠回りしてもらうようにするのも，客動線を少しでも長くするための工夫である。

　ところで，この客動線には，ほとんどの客が通る「主動線」と，主動線の脇や突き当たった場所にある「補助動線」がある。補助動線は自然に客の流れができる主動線とは異なり，そのままでは人が来ない。そのため補助動線の入口に人気が高い商品や安売りの商品を置いて，客を誘導するという方法が一般的だ。客に他の売り場も見てみようという気持ちにさせ，自然に補助動線に導くという狙いだ。

　客が入ることのない倉庫などの作業空間の場合，動線は一般的に（　Ａ　），がいい。だが，店の客動線に関しては，それとはまったく異なるのである。

１．長く，効率よく

２．短く，効率よく

３．入り口から中央に

４．中央から入り口に

XI 次の文章を読んで後の問いに答えなさい。

　「成人発達理論」は，ハーバード大学教育学大学院のロバート・キーガン教授を中心として研究されてきた分野で，成人以降の成長や発達に着目したものだ。

　この理論が発表されるまで，成長や発達といえば，幼少期や成人以前が対象で，成人については対象とされないことが多かった。それが，「成人発達理論」においては，人は何歳になっても，成長する可能性を秘めているとされている。

　例えば組織のリーダーに関する書籍などでは，リーダーに必要な資質が語られることは多いが，その成長や発達について触れられることは少ない。そこに課題があると考えたのが，キーガン教授というわけだ。

　キーガン教授は，「成人発達理論」の中で，大人の知性は三つの段階に分けられると述べている。それぞれ知性の低い順に「環境順応型知性」「自己主導型知性」「自己変容型知性」と呼ばれ，段階が上がるにつれ，実際の行動の違いにも表れるという。キーガン教授は，成人以降も，このような段階を経て，知性が向上すると述べている。

　これまで，「人を交代させない限り，組織は変えられない」と考えられてきた。だが，「成人発達理論」によって，人を交代させることなく，人の成長や発達によって，組織を変えられる可能性のあることがわかった。これは人にとっても，組織にとっても，希望を与える理論ではないか。

問1　成人発達理論が発表される前の状況として，正しいものはどれですか。　11

1．年齢には関係なく，誰でも成長できるとされていた。
2．成人になった段階で，もう成長は十分だと考えられていた。
3．成人の成長に関する研究は，ほとんど行われていなかった。
4．リーダーの素質があれば，成人になっても成長すると言われていた。

問2　成人発達理論に対する著者の考えと合っているものはどれですか。　12

1．この理論は人の成長に可能性を与えてくれる。
2．まずこの理論に関連する本を読むことが大切だ。
3．この理論は組織にとってリスクがある。
4．成人以前の成長にもっと注目したほうがいい。

12

模擬試験

XII　次の文章を読んで後の問いに答えなさい。

　　ブルーヘッドという名前の魚がいる。青と緑の美しいオス1匹が，黄色のカラダを持つ
たくさんのメスに囲まれて暮らしているそうだ。その写真を見ると，色の違いだけではな
く，明らかにオスのほうがカラダが大きいのがわかる。

　　このブルーヘッドには驚きの「秘密」がある。群れの中心にいたオスがいなくなってし
まうと，メスの中の1匹がオスになるのだという。DNA配列はそのままだが，遺伝子の
制御により，そのような性転換が可能になるのだ。「オスになるメス」は，群れの中で最
もカラダが大きい1匹だ。性転換し，見た目もオスになるまで20日ほどかかるというが，
「変化」はオスがいなくなって数時間後には始まるという。驚くべきスピードである。

　　生き物の生態には，まだまだ知られていないことが多い。*孵化期間中の温度でメスか，
オスかが決まるハ虫類もいる。ある研究では，ミシシッピーワニは孵化期間中の温度が
33.5℃ならオスになり，30℃の場合はメスになったと報告されている。一方，アカミミガ
メは高温の場合にメスになり，低めの温度ではオスになる。温度が生き物に与える影響の
大きさに，改めて驚く。

　　魚のうち，実に500種近くが，環境の違いによって性を変えるという説がある。自然の
中で，どんなことが起きているのか。動物の生態はまだまだ謎に包まれている。

＊孵化：卵から，子どもが出てくること

問1　下線部「驚くべきスピードである」とは，何のスピードですか。　　13

1．メスからオスへの転換が完了するまで
2．オスがいなくなって，メスの1匹が変化を始めるまで
3．オスになるメスのDNA配列が変わるまで
4．群れの中心にいたオスがいなくなるまで

問2　本文の内容と合っているものはどれですか。　　14

1．水温によってカラダの色が変わる魚がいる。
2．アカミミガメは低めの温度のときに卵がかえるとオスになる。
3．ブルーヘッドの性別が転換するのは，DNA配列の変化による。
4．ミシシッピーワニは，33.5℃以上で卵がかえるとメスになる。

XIII 次の文章を読んで後の問いに答えなさい。

　心理学でよく聞かれる言葉に「認知バイアス」というものがあります。バイアスとは，英語の「bias」で，日本語で言えば「先入観」「偏見」「偏り」といったところでしょう。つまり，人が物事を判断しなければならないとき，これまでの経験や考えをもとに，偏りのある判断をしてしまうことを意味します。

　災害時において，特に注目すべきものは「正常性バイアス」です。例えば，大雨警報が出されたとします。しかし，「今までそんな大雨が降ったことはない」「多分大丈夫だろう」と，避難せずにいるケースがあります。非日常的なことが自分の身に起きたとき，これまでの経験で「今回も大したことはない」と勝手に判断してしまうのです。その結果，土砂崩れなどが起きたときに，被害が大きくなってしまうこともあります。

　もちろん，自分の身に起きるすべてのことに，いちいちパニックになる必要はないでしょう。そんなことをしていたら，心身ともに疲れてしまいます。しかし，本当に「異常」が起きたときには，「正常性バイアス」はマイナスに働きます。

　私たちは，自然災害の多い日本に住んでいます。災害時にこそ，適切な対処が求められます。避難警報が出たら，「自分は安心」「今回も大丈夫」と過信せず，適切に対応すべきです。避難して何も起きなかったとしても，無駄な行動とは思わず，「災害にあわなくて良かった」と思えばいいのです。自然災害は，人間にはコントロールすることができません。だからこそ，被害を減らすにはどうしたらいいか真剣に考えなければなりません。

問1　正常性バイアスの説明として，正しいものはどれですか。　　15

1．自然災害を恐れ，パニックを起こす。
2．慌てて，一人で避難してしまうことがある。
3．日常的に何かあったときのために備える。
4．「自分は大丈夫だろう」と楽観的に考える。

問2　この文章で筆者が最も言いたいことはどれですか。　　16

1．非日常的なことより，日常生活を大切にするべきだ。
2．大変なことが起きたとき，自分の判断を信じたほうがいい。
3．自然災害は防げないが，適切な行動で被害を減らすことはできる。
4．もし避難して何も起きなければ，避難が無駄になることもある。

XIV　次の文章を読んで後の問いに答えなさい。

　街の宝くじ売り場の前を通ると、＊時折「大安吉日」と書かれたポスターが目に入る。
また、何か大切な行事の日取りを決める際、特に結婚式は「その日は仏滅だから」という
理由で他の日を選ぶことが多い。これは、「六曜」と呼ばれるものである。

　「大安」「仏滅」「六曜」などという言葉を初めて聞いたという人は、日本のカレンダー
や手帳をちょっと見てほしい。日付の横などに「先勝」「友引」「先負」「仏滅」「大安」
「赤口」と書かれているだろう。それが、その日の＊＊吉凶を表している「六曜」である。

　六曜は鎌倉末期から室町時代にかけて中国から伝わり、徐々に広まったという。「大安」
は吉日とされ、結婚式が行われることが多い。また、「仏滅」は、「一般的には何をするに
も良くない日」とされている。

　他にも、「友引」は「友を引く」ということから、現在も友引の日だけは＊＊＊葬儀は避
けられている。他にも「先勝」は「急げば勝ち」で、大切なことは午前に行うのが吉、午
後は凶を意味する。このように、六曜は現代人の生活にもしっかり根付いている。たとえ
科学的な根拠はなくても、古くから伝わる価値観を知ることができる、一つのツールと言
える。

　ただ、江戸時代に流行した後、明治時代に入って「六曜には根拠がない」とされ、国か
ら禁止された時期もあった。しかし、戦後、禁止令は解除され、六曜がカレンダーに記載
されるようになった。そこからまた広まり、人気を呼んだという歴史がある。

＊時折：時々
＊＊吉凶：良いこと、悪いこと
＊＊＊葬儀：亡くなった人を送り出す式

問1　六曜の説明として，本文の内容と合っているものはどれですか。　17

1．「大安」は良い日なので，結婚式が多く行われる。
2．「友引」はライバルに勝てる日なので，勝負をするのにいい。
3．「仏滅」は何をするにも良くないので，葬儀も行わない。
4．「先勝」の日は，何事もよく考えてから行動したほうがいい。

問2　筆者は現代の六曜について，どう考えていますか。　18

1．現代でも行事の日取りを決めるのに影響があると考えている。
2．科学技術が進み，徐々に六曜が忘れられていくと考えている。
3．時代の変化とともに，六曜の意味も変わっていくと考えている。
4．吉日は大切だが，凶日はあまり気にしなくてもいいと考えている。

12

模擬試験

XV　次の文章を読んで後の問いに答えなさい。

　次から次へと新しいことを考えるものだ，とあきれてしまう。高齢者を狙った犯罪である。電話で家族になりすまし，金をだまし取るオレオレ詐欺など，さまざまな手口の「特殊詐欺（とくしゅさぎ）」は，件数，被害額ともに減少傾向にあった。しかし，2021年に件数が再び増加し，相変わらず驚くほどの被害金額が報道されている。

　警察はさまざまな対策を実施し，取り締まりも強化しているが，犯行グループも，また新たな手口を考え出す。そして，再び被害者が生まれる。この<u>いたちごっこ</u>は，果たしてどこまで続くのだろうか。

　新しい手口が生み出されるとしても，犯行グループがターゲットにするのは，やはり高齢者だ。以前にも増して核家族化が進み，一人暮らしの高齢者が増えている。犯人グループからの電話があったとき，すぐに家族に相談できず，時間が経（た）ってから連絡が取れて，ようやく「詐欺だった」ということが明らかになるケースもある。

　オレオレ詐欺のニュースを聞いて，「どうして，そんな話にだまされるのか」「どうして簡単に家族からの電話だと信じてしまうのか」と不思議に思う人も多い。だが，高齢者になると認知機能が低下し，人の声を聞き分けるのが難しくなる。そこに家族を装った緊急の電話が来ると，いつもなら「おかしい」と思うことでも，冷静な判断ができなくなることがあるのだ。

問1　下線部「いたちごっこ」とは，どういう意味ですか。

19

1．特殊詐欺の件数が減少と増加を繰り返していること
2．警察の取り締まりと犯罪が繰り返されること
3．犯罪者が家族のふりをして繰り返し電話を掛けること
4．次から次へと新しい被害者が増えること

問2　この文章の内容と合っているものはどれですか。 20

1．特殊詐欺の背景には，年齢による判断力低下の問題も存在する。
2．高齢者を詐欺から守るのは家族だけの責任だ。
3．特殊詐欺の被害は，ずっと増え続けている。
4．犯人グループのターゲットは家族と同居する高齢者だ。

12

模擬試験

83

XVI　次の文章を読んで後の問いに答えなさい。

　俳句を詠む人が増えている。多くの書店には，俳句関連の本のコーナーが設けられている。カルチャーセンターの俳句講座も受講生が集まり，テレビでも俳句番組が安定した視聴率をとっている。年齢層も幅広く，若者の間でもその人気は広がっているようだ。

　「5・7・5」の17文字で詠む俳句は，四季を表す言葉である「季語」を必ず入れるのが決まりとなっている。「季語」は，季節に関係する言葉なら何でもいいわけではない。「俳句の季語」が決まっているのだ。俳句の始まりは江戸時代だと言われるが，広く知られるようになったのは明治時代。その歴史の中で，現在にも多くの名句が残されている。

　例えば，「閑さや　岩にしみ入る　蝉の声」「朝顔に　つるべ取られて　もらい水」など，有名な*俳人が詠んだ，時代を超えて愛される句は多い。17文字でいいなら，簡単だと考える人もいる。しかし，わずか17文字に思いを込めるのは簡単なことではない。だからこそ，老いも若きも，それを極めようとするのだろう。

　俳句と同じ「5・7・5」で表すものに，江戸時代に生まれた「川柳」がある。こちらは，季語を入れるルールはなく，かなり自由に詠める。時代や社会を，ユーモアと皮肉を交えながら17文字で表現する。ゆえに，「ふふっ」と笑いが生まれることが多い。さまざまなテーマの川柳コンテストが行われており，大いに盛り上がっているが，中でも社会人が日常の苦労を詠んだ川柳は，入賞作品が発表されるたびに話題を集めている。メールやSNSで気軽に応募できることも，人気の理由と言えそうだ。

　俳句との関係はよくわからないが，日本の広告のキャッチフレーズは「5・7・5」のリズムが好まれると聞いたことがある。このリズムは耳に心地よく，頭にも残りやすいらしい。まさに広告にとって重要なポイントである。私たちには，俳句のリズムが刻み込まれているのだろうか。歴史の中で愛されてきた俳句の魅力を，こんなところで実感している。

＊俳人：俳句を作る人

問1　「俳句」と「川柳」の違いは何ですか。　　　　　　　　21

1．「俳句」は若い人に，「川柳」は高齢者に人気がある。

2．「俳句」は「5・7・5」，「川柳」は 17 文字以内ならよい。

3．「俳句」には季語が必須だが，「川柳」は季語が必要ない。

4．「俳句」は教えてくれる講座があるが，「川柳」は自分で学ぶしかない。

問2　筆者の考えと合っているものはどれですか。　　　　　　22

1．俳句を詠むのは難しいが，川柳はユーモアがあれば簡単にできる。

2．俳句は伝統的な芸術だが，もう少し自由に作れるほうがいいと思う。

3．「5・7・5」のリズムは，現代の日本人にも好まれている。

4．どんなにいい俳句が詠める人でも，昔の俳人には勝てないだろう。

12

模擬試験

XVII 次の文章を読んで後の問いに答えなさい。

　4年に一度開かれるオリンピックの後，同じ開催地で開かれている大会といえば，多くの人が「パラリンピック」と答えるだろう。パラリンピックは，障がいを持つアスリートによる「もう一つのオリンピック」として認知されている。オリンピックと同じ競技もあるが，パラリンピック独自の競技も行われており，熱心なファンも少なくない。

　その始まりは，1948年のイギリス。第二次世界大戦で負傷した兵士たちのリハビリテーションを目的として，車いす選手によるアーチェリー競技会が行われたのが起源とされている。その後，1988年に韓国・ソウルで開催された夏季オリンピックより，現在のようにオリンピックの開催の後に，同じ開催地で行われるようになった。

　それに対して，聴覚に障がいのある「ろう者のオリンピック」として「デフリンピック」という大会が行われている。第1回の夏季大会は1924年にフランスで，冬季大会は1949年にオーストラリアで開催され，ろう者によって運営されている。

　1989年にパラリンピックを運営する国際パラリンピック委員会が発足した際，国際ろう者スポーツ委員会も加盟していた。だが，デフリンピックの独創性を大切にしようと，1995年に国際パラリンピック委員会から脱退し，現在は独自に活動している。この国際ろう者スポーツ委員会に加盟しているのは，日本も含めた118の国と地域。デフリンピック，世界選手権大会などに取り組み，世界中から集まったろう者の交流が繰り広げられている。

　ところで，ろう者のコミュニケーション方法として，まず挙げられるのが手話だが，果たして（　Ａ　）。答えはノーである。各国で使われている手話は，その国で話されている言葉に対応し，日本には日本，アメリカにはアメリカで異なる手話がある。そもそも，手話は人の動作をもとにしてできたものだ。他の国と偶然同じようなものになることもある。とは言え，それぞれ異なる手話を使って十分にコミュニケーションをとるのは難しい。

　そこで生まれたのが「国際手話」と呼ばれる，手話の世界共通語だ。より広く普及するように，どの国の人にもわかりやすく配慮されているこの手話は，もちろんデフリンピックでも活躍している。それは，世界中から集まったアスリートが友好を深めることが，デフリンピックの目的の一つでもあるからだ。

問1　国際ろう者スポーツ委員会が，国際パラリンピック委員会から脱退したのは，なぜ
　　　ですか。　　　　　　　　　　　　　　　　　　　　　　　　　　　　　23

1．もっと大きな委員会を作ったから
2．加盟国が急に増えたから
3．世界選手権も開催したいから
4．デフリンピックならではの特色を保ちたいから

問2　（　A　）に入るものとして，最も適当なものはどれですか。　　　　24

1．手話は世界共通なのだろうか
2．手話は世界中にあるのだろうか
3．手話は国によってまったく違うのだろうか
4．手話は手の動きだけで成り立つのだろうか

問3　この文章の内容と合っているものはどれですか。　　　　　　　　25

1．デフリンピックよりパラリンピックのほうが起源は古い。
2．デフリンピックは，オリンピックと同じ会場で開かれる。
3．選手同士が交流することもデフリンピックの目的の一つだ。
4．国際手話はデフリンピックだけで使われている。

12

模擬試験

各回のイラスト

著者
アークアカデミー

執筆者
山田光子

執筆協力者
遠藤由美子　古川由美子　高田ひろみ

翻訳
英語　株式会社アーバン・コネクションズ
中国語　徐前
ベトナム語　Lê Trần Thư Trúc

イラスト
広野りお

装丁・本文デザイン
梅津由子

日本留学試験 読解 ポイント＆プラクティス

2023 年 8 月 20 日　初版第 1 刷発行

著　者　アークアカデミー
発行者　藤嵜政子
発　行　株式会社スリーエーネットワーク
　　　　〒102-0083　東京都千代田区麹町 3 丁目 4 番
　　　　　　　　　　トラスティ麹町ビル 2 F
　　　　電話　営業　03（5275）2722
　　　　　　　編集　03（5275）2725
　　　　https://www.3anet.co.jp/
印　刷　萩原印刷株式会社

ISBN978-4-88319-924-2　C0081

日本留学試験対策問題集

EJU
日本留学試験
読解

ポイント
＆
プラクティス

<small>べっさつ</small>
別冊

<small>かいとう</small>　<small>かいせつ</small>
解答・解説

Answers and explanations
答案・解析
Đáp án và giải thích đáp án

アークアカデミー　著

スリーエーネットワーク

例題 1

正解　4

9 〜 10 行目に「食品ロス対策だけではなく，スタッフが働く場所も生まれているということですから，一石二鳥です」とある。「一石二鳥」は，一つ何かをすることで，二ついいことがあるという意味。つまり，売れ残りのケーキ販売店は，食品ロス対策だけでなく，スタッフの雇用も生み出すということ。

1　3 〜 4 行目に「おにぎりで考えると……毎日，一人当たり 1 個のおにぎりを捨てていることになります」と書かれている。これは，もし食品ロスの量をおにぎりで計算すると，という意味。実際に，おにぎりを 1 億個以上捨てているということではない。

2　8 行目に「安全なら法律上問題ありません」とある。つまり，売ってもいいという意味。

3　1 行目に「食品ロスが深刻な国の一つで」とあるが，「一番深刻」とは言っていない。

Lines 9 to 10 say "食品ロス対策だけではなく，スタッフが働く場所も生まれているということですから，一石二鳥です." The expression "一石二鳥" means doing one thing and having two good results come of it. In other words, the store selling unsold cakes not only helps to prevent food loss, but also creates jobs for staff.

1　Lines 3 to 4 say "おにぎりで考えると……毎日，一人当たり 1 個のおにぎりを捨てていることになります." This means that it will be that amount if you calculate the amount of food loss in terms of onigiri rice balls. It does not mean that more than 100 million onigiri are actually thrown away.

2　Line 8 says "安全なら法律上問題ありません," which means that it is OK to sell them.

3　Line 1 says "食品ロスが深刻な国の一つで," but it does not say "一番深刻 (the most serious)."

第 9 〜 10 行中写有 "食品ロス対策だけではなく，スタッフが働く場所も生まれているということですから，一石二鳥です"。"一石二鳥" 是做一件事可以收获两件好事的意思。也就是，剩余蛋糕专卖店不仅是食品浪费的对策，而且还可以创造就业机会。

1　第 3 〜 4 行中写了 "おにぎりで考えると……毎日，一人当たり 1 個のおにぎりを捨てていることになります"。这意思是，如果用饭团来计算食物浪费量，那……。并非实际扔掉 1 亿多个饭团。

2　第 8 行中写有 "安全なら法律上問題ありません"。也就是说，出售也可以的意思。

3　第 1 行中写有 "食品ロスが深刻な国の一つで"，但没有说是 "一番深刻（最深刻）"。

Ở dòng 9-10 có "食品ロス対策だけではなく，スタッフが働く場所も生まれているということですから，一石二鳥です"。"一石二鳥" nghĩa là nhờ làm một việc gì đó mà được hai việc tốt. Tức là cửa hàng bán bánh còn dư không chỉ xử lý được vấn nạn lãng phí thực phẩm mà còn tạo ra được công ăn việc làm.

1　Ở dòng 3-4 có ghi "おにぎりで考えると……毎日，一人当たり 1 個のおにぎりを捨てていることになります". Nó có nghĩa là nếu tính toán lượng thực phẩm bị lãng phí bằng cơm nắm thì… Thực tế không có chuyện hơn 100 triệu gói cơm nắm đang bị vứt đi.

2　Ở dòng 8 có ghi "安全なら法律上問題ありません". Tức là vẫn bán được.

3　Ở dòng 1 có ghi "食品ロスが深刻な国の一つで" nhưng không nói là "一番深刻 (nghiêm trọng nhất)".

例題 2

問 1　正解　3

3 〜 4 行目に，「世界幸福度ランキング」の調査方法が書かれている。

1　「他の国」について聞く調査ではない。

2　4 〜 5 行目に，「健康寿命」や「国内総生

Lines 3 to 4 describe the survey method for the "世界幸福度ランキング."

1　They do not ask about "他の国" in this survey.

2　Lines 4 to 5 mention the words "健康寿命" and "国内総生産（GDP）" but they have nothing to do with the result of the ranking.

4　Line 6 says "……という否定的な意見もあります," which means some people are negative about ranking their degree of happiness. It does not mean that there are negative questions in the survey.

産（GDP）」という言葉が出てくるが，ランキングの結果には関係がない。

4　6行目に「……という否定的な意見もあります」とあるが，これは幸福度をランキングにすることに否定的な人もいるという意味。調査に否定的な質問があるという意味ではない。

第3〜4行中写了"世界幸福度ランキング"的调查方法。
1　不是对于"他の国"的调查。
2　第4〜5行中出现有"健康寿命"，"国内総生産（GDP）"这些词，但与排名的结果没有关系。
4　第6行中写有"……という否定的な意見もあります"，这是也有人对把幸福感加以排名持否定态度的意思，并不是调查中存在负面问题的意思。

Ở dòng 3-4 có ghi về phương pháp điều tra "世界幸福度ランキング".
1　Cuộc điều tra này không hỏi về "他の国".
2　Ở dòng 4-5 có cụm từ "健康寿命" và "国内総生産（GDP）" nhưng không liên quan đến kết quả xếp hạng.
4　Ở dòng 6 có "……という否定的な意見もあります" nhưng nghĩa là có người phản đối việc xếp hạng chỉ số hạnh phúc, không phải nghĩa là trong bảng điều tra có câu hỏi mang tính tiêu cực.

問2　正解　4

11〜12行目に「社会の現実的な課題を解決していくことを優先するべきでしょう」とある。つまり，筆者は課題に取り組むことが，順位を上げることよりも重要だと考えている。

1　6行目に「幸福度なんて，順番を付けられるものではない」とあるが，これは筆者の考えではなく，世間の考え方の一つ。

2　順位が上がることで，国民が幸せだと思うかは，書かれていない。

3　7行目に「（ランキングにするのは）面白い」とある。選択肢の「意味がある」は，役に立つというような意味を含むが，「面白い」にはそのような意味はない。

Lines 11 to 12 say "社会の現実的な課題を解決していくことを優先するべきでしょう." In other words, the author believes that addressing the issues is more important than raising one's ranking.
1　Line 6 says "幸福度なんて，順番を付けられるものではない." This is not the author's view, but one point of view in society.
2　It does not mention whether people feel happier if their country's ranking goes up.
3　Line 7 says "（ランキングにするのは）面白い." "意味がある" in the choice implies usefulness, but "面白い" does not.

第11〜12行中写有"社会の現実的な課題を解決していくことを優先するべきでしょう"。也就是说，作者认为解决课题比提高排名更为重要。
1　第6行中写有"幸福度なんて，順番を付けられるものではない"，但这不是作者的观点，而是一个公众意见。
2　没有写排名上升国民是否会感到幸福。
3　第7行中写有"（ランキングにするのは）面白い"。选项的"意味がある"包含着"有意义"的意思，但"面白い"没有这样的意思。

Ở dòng 11-12 có ghi "社会の現実的な課題を解決していくことを優先するべきでしょう". Tức là người viết nghĩ rằng việc giải quyết các vấn đề quan trọng hơn việc nâng cao thứ hạng.
1　Ở dòng 6 có "幸福度なんて，順番を付けられるものではない" nhưng đây không phải là suy nghĩ của người viết mà là một trong những cách nghĩ của công chúng.
2　Không viết gì về chuyện người dân sẽ thấy hạnh phúc khi nước mình được tăng thứ hạng.
3　Ở dòng 7 có "（ランキングにするのは）面白い". Cụm từ "意味がある" trong lựa chọn có chứa ý hữu ích nhưng trong "面白い" lại không chứa ý đó.

例題3

問1　正解　1

（　A　）の前に「友人・知人と会う」と書かれている。女性は「他者と関わることで」ストレスを発散するということがわかる。

"友人・知人と会う" is written before （　A　）. This indicates that women relieve their stress by "他者と関わることで (by engaging with others)."

在（　A　）前面写有"友人・知人と会う"，从而得知女性通过"他者と関わることで（与他人的交流）"来释放压力。

Trước （　A　）có ghi "友人・知人と会う". Nó cho thấy "他者と関わることで (bằng việc giao du với người khác)" nữ giới giải tỏa được căng thẳng.

問2　正解　3

最後の段落では高齢者がどのように社会と関わり，活躍できるかということが書かれている。また，16〜17行目に「他者とのつながりを持ち続けられるような」とあり，選択肢では「他者とのつながり」を「社会」と言い換えているので，正解は3。

1　100歳を超えるかどうかについては書かれていない。

2　高齢者人口が多い地域については書かれていない。

4　「高齢者が輝ける地域」の話は，最後の段落に書かれているが，そこでは健康の話はしていない。

The last paragraph describes how the elderly can engage with society and play an active role. Additionally, lines 16 to 17 say "他者とのつながりを持ち続けられるような," and "他者とのつながり" is rephrased as "社会" in the choice so the correct answer is 3.

1　It does not say whether they are over 100 years old.
2　Areas with a large elderly population are not mentioned.
4　The last paragraph mentions "高齢者が輝ける地域," but it does not mentions health.

最后一段中写了老年人是如何与社会关与，并发挥积极作用的。另外，第16〜17行中写有"他者とのつながりを持ち続けられるような"，在选项中把"他者とのつながり"换成了"社会"，因此正确答案是3。

1　没有写是否超过了100岁。
2　没有提及老年人口多的地区。
4　在最后一段写了"高齢者が輝ける地域"的事情，但没有提及健康的事情。

Đoạn văn cuối nói về cách thức để người cao tuổi có thể kết nối với xã hội và hoạt động tích cực. Ngoài ra, ở dòng 16-17 có "他者とのつながりを持ち続けられるような" và trong lựa chọn thì cụm từ "他者とのつながり" được thay bằng "社会" nên lựa chọn đúng là số 3.

1　Không ghi gì về việc có hơn 100 tuổi hay không.
2　Không viết gì về khu vực có nhiều người cao tuổi.
4　Chuyện về "高齢者が輝ける地域" tuy được đề cập trong đoạn văn cuối nhưng trong đó không nói gì đến chuyện sức khỏe.

問3　正解　2

1〜2行目に「2021年まで51年連続で増加している」とある。つまり，「50年以上増え続けている」ということ。

1　50年前に男性と女性のどちらが長生きだったかについては書かれていない。

3　7〜8行目に，男性は「友人・知人と会う」と答えた割合が女性よりも少ないと書かれているが，それが寿命が短い理由ではない。

4　11〜13行目に，女性が孤独を感じることも問題視されていると書かれているが，「女性は孤独を感じることが少ない」とは書かれていない。

Lines 1 to 2 say "2021年まで51年連続で増加している." In other words, that means "50年以上増え続けている (it has been increasing for over 50 years)."

1　It does not say whether men lived longer than women or women lived longer than men.
3　Lines 7 to 8 say that men were less likely than women to reply "友人・知人と会う," but this is not the reason for their shorter lifespan.
4　Lines 11 to 13 say women's loneliness is also seen as a problem, but it does not say "女性は孤独を感じることが少ない (women rarely feel lonely)."

第1〜2行中写有"2021年まで51年連続で増加している"。也就是说，"50年以上増え続けている (连续增长50年以上)"。

1　没有写50年前男女的寿命哪方更长。
3　第7〜8行中这里写了男性回答"友人・知人と会う"的比例较之女性少，但这并不是寿命较短的原因。
4　第11〜13行中写着"女性が孤独を感じることも問題視されている"，但并没有写"女性は孤独を感じることが少ない (女性很少感到孤独)"。

Dòng 1-2 có "2021年まで51年連続で増加している". Tức là "50年以上増え続けている (tăng liên tục trong hơn 50 năm)".

1　Không đề cập đến việc 50 năm trước thì nam hay nữ sống thọ hơn.
3　Dòng 7-8 có ghi rằng tỉ lệ nam giới trả lời "友人・知人と会う" ít hơn nữ giới nhưng đó không phải là lý do giảm tuổi thọ.
4　Dòng 11-13 có ghi rằng "女性が孤独を感じることも問題視されている" nhưng không ghi rằng "女性は孤独を感じることが少ない (nữ giới ít cảm thấy cô đơn)".

問題 1

正解　2

6行目に「日本でも多くの（マトリョーシカの）商品が生まれ……」とある。つまり，日本でも売られている。

1　11～12行目に「親近感がわくでしょう」とあるが，これはマトリョーシカに対する筆者の考え。マトリョーシカの意味については書かれていない。

3　8～9行目に「……木工人形』が元になっているという説があります」とある。「～という説がある」は，それが本当かどうかはわからないという意味を含んだ表現。

4　12行目「私はこれを『マトリョーシカ外交』と名付けました」とある。これは筆者が考えた言葉で，「よく耳にする」わけではない。

Line 6 says "日本でも多くの（マトリョーシカの）商品が生まれ……." In other words, they are sold in Japan as well.
1　Lines 11 to 12 say "親近感がわくでしょう," but this is the author's opinion on matryoshka dolls. The meaning of "matryoshka" is not written.
3　Lines 8 to 9 say "……木工人形』が元になっているという説があります." The expression "～という説がある" implies that it may or may not be true.
4　Line 12 says "私はこれを『マトリョーシカ外交』と名付けました." This is a term that the author came up with, and it is not commonly used.

第 6 行中写有 "日本でも多くの（マトリョーシカの）商品が生まれ……"，也就是说，日本也在销售。
1　第 11～12 行中写有 "親近感がわくでしょう"，但这是作者对俄罗斯套娃的想法。没有提及俄罗斯套娃的意思。
3　第 8～9 行中写有 "……木工人形』が元になっているという説があります"。"～という説がある" 是含有不知道那是否是真的意思。
4　第 12 行中写有 "私はこれを『マトリョーシカ外交』と名付けました"。这是作者自己想出来的话，并不是经常听到的。

Ở dòng 6 có "日本でも多くの（マトリョーシカの）商品が生まれ……". Tức là cũng có bán ở Nhật.
1　Ở dòng 11-12 có "親近感がわくでしょう" nhưng đây là suy nghĩ của người viết về búp bê Matryoshka. Không viết gì về ý nghĩa của Matryoshka.
3　Ở dòng 8-9 có "……木工人形』が元になっているという説があります". "～という説がある" là mẫu diễn đạt hàm ý không biết điều đó có thật hay không.
4　Ở dòng 12 có "私はこれを『マトリョーシカ外交』と名付けました". Đây là từ do người viết tự nghĩ ra nên không thể nào hay nghe nhắc đến được.

問題 2

正解　2

4～5行目に「パスワードは第三者に悪用されることのないよう，定期的に変更してください」と書かれている。

1　4行目に「IDは学生番号」とある。再交付を申請できるのはIDではなく，パスワード。

3　8行目に「インターネットに接続可能なパソコンを使えば，学外からでも登録できます」とある。「学外」は学校の外という意

Lines 4 to 5 say "パスワードは第三者に悪用されることのないよう，定期的に変更してください."
1　Line 4 says "ID は学生番号." It is the password, not the ID, that students can apply to have reissued.
3　Line 8 says "インターネットに接続可能なパソコンを使えば，学外からでも登録できます." "学外" means "outside of school," so students don't have to use a university computer.
4　The second "注意" states that "履修登録の画面が操作できるのは，ログイン後 30 分以内," and this time limit applies to using the course registration screen, not to "パスワードの再交付 (reissuing a password)."

第 4～5 行中写的是 "パスワードは第三者に悪用されることのないよう，定期的に変更してください"。
1　第 4 行中写有 "ID は学生番号"。能够申请补发的是密码，不是 ID。
3　第 8 行中写有 "インターネットに接続可能なパソコンを使えば，学外からでも登録できます"。"学外" 是学校之外的意思，所以可以不用大学的电脑。

味なので，大学のパソコンでなくてもいい。

4　「注意」の二つ目に「履修登録の画面が操作できるのは，ログイン後30分以内」とある。時間制限があるのは，履修登録画面の操作で，「パスワードの再交付」ではない。

4　"注意"第二項中写有"履修登録の画面が操作できるのは，ログイン後30分以内"。有时间限制的是选课注册屏幕的操作，而不是"パスワードの再交付（密码的补发）"。

Ở dòng 4-5 có ghi "パスワードは第三者に悪用されることのないよう，定期的に変更してください".
1　Ở dòng 4 có "ID は学生番号". Thứ có thể xin cấp lại là mật khẩu chứ không phải ID.
3　Ở dòng 8 có "インターネットに接続可能なパソコンを使えば，学外からでも登録できます". "学外" nghĩa là ngoài trường nên không cần thiết phải là máy vi tính của trường đại học.
4　Mục thứ hai của "注意" có "履修登録の画面が操作できるのは，ログイン後30分以内". Thứ bị giới hạn thời gian là việc thao tác trên màn hình đăng ký môn học, không phải "パスワードの再交付 (việc cấp lại mật khẩu)".

3 回目　　　　　　　　　　　　　　　　p.15 ～ p.21

問題 1

正解　3

9～10行目に「マイナスに考えてしまえば，先には進まない。まずは現実と向き合い，さまざまな可能性を見つけるべきだ」とある。これは，前向きな考え方が必要だということ。

1　2段落目にマッチングについて書かれているが，「高齢者だけに有用（＝企業には有用ではない）」とは書かれていない。

2　9行目に「超高齢化」という言葉が出てくるが，「超高齢化」が改善しやすいとは書かれていない。

4　6行目に「IT」や「AI」という言葉が出てくるが，「必ず明るい社会にできる」とは書かれていない。

Lines 9 to 10 say "マイナスに考えてしまえば，先には進まない。まずは現実と向き合い，さまざまな可能性を見つけるべきだ." This means that people should have a positive mindset.
1　Paragraph 2 describes matching, but it does not say that "高齢者だけに有用 (it is only useful for buisinesses) (i.e., that it is not useful for young people)."
2　Line 9 mentions the word "超高齢化" but it does not say that "超高齢化" is easy to fix or improve.
4　Line 6 has the words "IT" and "AI," but does not say "必ず明るい社会にできる (we can definitely create a brighter society)."

第9～10行中写有"マイナスに考えてしまえば，先には進まない。まずは現実と向き合い，さまざまな可能性を見つけるべきだ"。这是要有积极思考方法的意思。
1　第2段中写了关于匹配，但并没有写"高齢者だけに有用（这只对老年人有用）（＝对企业没有用）"。
2　第9行中出现有"超高齢化"这个词，但没有写"超高齢化"容易改善。
4　第6行中出现有"IT"和"AI"这两个词，但没有写"必ず明るい社会にできる（一定会成为光明的社会）"。

Ở dòng 9-10 có "マイナスに考えてしまえば，先には進まない。まずは現実と向き合い，さまざまな可能性を見つけるべきだ", nghĩa là cần có tư duy tích cực.
1　Đoạn 2 viết về việc kết nối nhưng không ghi rằng điều đó "高齢者だけに有用 (chỉ hữu ích cho người lớn tuổi) (= không hữu ích cho doanh nghiệp)".
2　Ở dòng 9 có từ "超高齢化" nhưng không ghi rằng dễ cải thiện "超高齢化".
4　Ở dòng 6 có nhắc đến "IT" và "AI" nhưng không ghi rằng "必ず明るい社会にできる (chắc chắn sẽ tạo ra xã hội tươi sáng)".

問題2
正解　1

11〜12行目に「『リケジョ』という言葉を耳にすることもなくなるような……社会になってほしいものだ」とある。「リケジョ」を耳にしなくなるということは、「リケジョ」が特別な存在でなくなるということ。

2　11行目の「『リケジョ』という言葉を耳にすることもなくなる」は、「リケジョ」という言葉を聞かなくなること。「いなくなる」ということではない。

3　10行目に、「日本の女子大学に初めての工学部が誕生」とあるが、「理系学部を女性中心にしたほうがいい」とは書かれていない。また、日本以外の国の理系学部が「女性中心」とも書かれていない。

4　10行目に「ようやく日本の女子大学に初めての工学部が誕生した」とあるだけで、「もっと工学部を設けたほうがいい」とは書かれていない。

Lines 11 to 12 say "『リケジョ』という言葉を耳にすることもなくなるような……社会になってほしいものだ." If the term "リケジョ" is no longer heard, then it means that "リケジョ" are no longer special.

2　Line 11 says "『リケジョ』という言葉を耳にすることもなくなる" which means the word "リケジョ" is no longer heard. It does not say that it "いなくなる (disappears)."

3　Line 10 says "日本の女子大学に初めての工学部が誕生" but it does not say "理系学部を女性中心にしたほうがいい (science departments should centered on women)". Nor does it say that the science departments in countries other than Japan are "女性中心 (centered on women)."

4　Line 10 says "ようやく日本の女子大学に初めての工学部が誕生した," but it does not say "もっと工学部を設けたほうがいい (more engineering departments should be established)."

第11〜12行中写有 "『リケジョ』という言葉を耳にすることもなくなるような……社会になってほしいものだ"。听不到 "リケジョ" 的说法了的意思是 "リケジョ（理科女生）" 已经不再是一个特别的存在了。

2　第11行的 "『リケジョ』という言葉を耳にすることもなくなる" 是说 "リケジョ" 这个词汇听不到了。并不是说 "いなくなる（消失了）"。

3　第10行中虽然写有 "日本の女子大学に初めての工学部が誕生" 但没有写 "理系学部を女性中心にしたほうがいい（理科学院最好以女生为主）"。另外，也没有写在日本以外的其他国家的理科学院是 "女性中心（以女生为主）"。

4　第10行中只写了 "ようやく日本の女子大学に初めての工学部が誕生した"，并没有写 "もっと工学部を設けたほうがいい（最好设立更多的工学院）"。

Ở dòng 11-12 có "『リケジョ』という言葉を耳にすることもなくなるような……社会になってほしいものだ". Việc không còn nghe nhắc đến "リケジョ" đồng nghĩa với việc "リケジョ" không còn đặc biệt nữa.

2　"『リケジョ』という言葉を耳にすることもなくなる" ở dòng 11 nghĩa là không còn nghe đến từ "リケジョ" nữa. Không phải là "いなくなる (không còn hiện diện nữa)".

3　Ở dòng 10 có "日本の女子大学に初めての工学部が誕生" nhưng không ghi rằng "理系学部を女性中心にしたほうがいい (các khoa Tự nhiên nên lấy nữ giới làm trung tâm)". Ngoài ra cũng không ghi rằng ở những khoa Tự nhiên của các nước ngoài Nhật Bản thì "女性中心 (nữ giới là trung tâm)".

4　Ở dòng 10 chỉ ghi "ようやく日本の女子大学に初めての工学部が誕生した" chứ không ghi rằng "もっと工学部を設けたほうがいい (nên thành lập thêm nhiều khoa Kỹ thuật)".

問題 1

正解　1

下線部の前に,「多くの日本人が理解できるものではなく」とある。つまり,まだ「日本語としては多くの日本人に認知されていない」という意味。

2　理解されにくいカタカナ語について書かれている。「カタカナ語と呼ぶことができない」とは書かれていない。

3　「日本語として使うべきではない」とは書かれていない。

4　元々は外国語であるが,外国の人に伝える話はしていない。

The underlined part is preceded by "多くの日本人が理解できるものではなく." In other words, this means that these words still "日本語としては多くの日本人に認知されていない (are not recognized as Japanese by many Japanese people)."

2　The text mentions katakana words that are difficult to understand. It does not say "カタカナ語と呼ぶことができない (they cannot be called katakana words)."

3　It does not say "日本語として使うべきではない (they should not be used as Japanese)."

4　These words were originally from foreign languages, but the text is not about conveying them to non-Japanese people.

下线部分之前写有 "多くの日本人が理解できるものではなく"。也就是 "日本語としては多くの日本人に認知されていない (作为日语,还没有被更多的日本人认可) 的意思"。

2　写了关于难以理解的片假名单词。没有写那些 "カタカナ語と呼ぶことができない (不能称之为片假名单词)"。

3　没有写 "日本語として使うべきではない (不应该作为日语使用)"。

4　虽然原本来自于外语,但并没有提及是否对外国人使用。

Phía trước phần gạch dưới có "多くの日本人が理解できるものではなく". Tức là chúng vẫn chưa "日本語としては多くの日本人に認知されていない (được nhiều người Nhật thừa nhận là tiếng Nhật)".

2　Có viết về những từ katakana gây khó hiểu nhưng không ghi rằng "カタカナ語と呼ぶことができない (không thể gọi chúng là từ katakana)".

3　Không ghi rằng "日本語として使うべきではない (không nên dùng như tiếng Nhật)".

4　Tuy những từ đó vốn là tiếng nước ngoài nhưng đây không phải là chuyện dành để nói với người ngoại quốc.

問題 2

正解　1

「自然のエアコン」の前にある「このアイデア」は,緑のカーテンを使って温度を下げるアイデアのこと。1 〜 3 行目には,「緑のカーテンとは……植物のカーテンのことです」とある。「緑のカーテン」と「植物のカーテン」は同じ物を指すので,正解は 1。

2・3・4　「エアコン」は例えの表現で,「冷房」や「エアコン」を実際に使っているわけではない。また,「風」については書かれていない。

"このアイデア" before "自然のエアコン" refers to the idea of using green curtains to lower the temperature. Lines 1 to 3 say "緑のカーテンとは……植物のカーテンのことです." "緑のカーテン" and "植物のカーテン" refer to the same thing, so the correct answer is 1.

2・3・4　"エアコン" is a metaphor. "冷房" and "エアコン" are not actually used here. Additionally, there is no mention of "風."

"自然のエアコン" 之前的 "このアイデア" 指的是利用绿色的帘子来降低温度的提议。第 1 〜 3 行中写有 "緑のカーテンとは……植物のカーテンのことです"。由于 "緑のカーテン" 和 "植物のカーテン" 指的是同一个事物,所以正确答案是 1。

2・3・4　"エアコン" 是比喻用法,并非真实使用了 "冷房" 和 "エアコン"。另外,没有提及 "風"。

"このアイデア" đứng trước "自然のエアコン" là ý tưởng dùng màn cửa xanh để giảm nhiệt độ. Ở dòng 1-3 có "緑のカーテンとは……植物のカーテンのことです". "緑のカーテン" và "植物のカーテン" là một nên câu đúng là số 1.

2・3・4　"エアコン" chỉ là ví dụ, không có nghĩa là trên thực tế đang dùng "冷房" hay "エアコン". Ngoài ra không viết gì về "風".

問題 1

正解　4

7行目に「だから，長く法律で禁止されていたのである」とある。「だから」の前に，理由がある。

1　1行目に「ビンか紙パック入りというイメージがある」とあるが，これは許可されなかった理由ではない。

2　5行目に「ペットボトル自体に衛生的な問題があるわけではない」とある。

3　9〜10行目に「牛乳用ペットボトルには特別な基準があり，新たな技術の開発が必要だ。それには，莫大なコストがかかる」とある。これは，許可されてもなかなか増えない理由であり，許可されなかった理由ではない。

Line 7 says "だから，長く法律で禁止されていたのである." The reason is before "だから."
1　Line 1 says "ビンか紙パック入りというイメージがある," but this is not the reason why it was not allowed.
2　Line 5 says "ペットボトル自体に衛生的な問題があるわけではない."
3　Lines 9 to 10 say "牛乳用ペットボトルには特別な基準があり，新たな技術の開発が必要だ。それには，莫大なコストがかかる." This is the reason why the number of such bottles has been slow to increase even though they are allowed, not the reason why they were not allowed.

第 7 行中写有 "だから，長く法律で禁止されていたのである"。"だから" 之前是原因。
1　第 1 行中虽然写了 "ビンか紙パック入りというイメージがある"，但这不是没被批准的原因。
2　第 5 行中写有 "ペットボトル自体に衛生的な問題があるわけではない"。
3　第 9 ～ 10 行中写有 "牛乳用ペットボトルには特別な基準があり，新たな技術の開発が必要だ。それには，莫大なコストがかかる"。这是即使批准了也难以增加的原因，并不是没被批准的原因。

Ở dòng 7 có "だから，長く法律で禁止されていたのである".
Lý do đứng trước "だから".
1　Ở dòng 1 có "ビンか紙パック入りというイメージがある" nhưng đây không phải là lý do không được cho phép.
2　Ở dòng 5 có "ペットボトル自体に衛生的な問題があるわけではない".
3　Ở dòng 9-10 có "牛乳用ペットボトルには特別な基準があり，新たな技術の開発が必要だ。それには，莫大なコストがかかる". Đây là lý do chai nhựa đựng sữa vẫn chưa phổ biến dù đã được cho phép chứ không phải lý do không được cho phép trong quá khứ.

問題 2

正解　3

8行目に「たくさん買って，車で家に持ち帰るというライフスタイルが広まった結果」とある。つまり，車によって「商品をたくさん買って運べるようになった」ということ。「〜結果」の前の「〜」が理由。

1　5行目に「店員の負担もかなり軽減されました」とあるが，これは筆者が考えるスーパーマーケットが普及した理由ではない。

2　3行目に「自分が欲しい物を選んで」と書

Line 8 says "たくさん買って，車で家に持ち帰るというライフスタイル." In other words, because of cars "商品をたくさん買って運べるようになった (it became possible to buy and carry a lot of goods)." The "〜" before "〜結果" is the reason.
1　Line 5 says "店員の負担もかなり軽減されました," but this is not the reason why the author thinks supermarkets spread.
2　Line 3 says "自分が欲しい物を選んで." However, this is not the reason why supermarkets have spread, but an explanation of what self-service specifically involves.
4　Line 7 says "自動車での買い物が中流階級を中心に普及した." This is not "誰でも."

第 8 行中写有 "たくさん買って，車で家に持ち帰るというライフスタイルが広まった結果"，也就是说，用车"商品をたくさん買って運べるようになった（可以买大量商品来运送了）"。"〜結果" 之前的 "〜" 是理由。
1　虽然第 5 行中写有 "店員の負担もかなり軽減されました"，但这不是作者所考虑的超市普及的原因。

かれている。ただ，これはスーパーマーケットが普及した理由ではなく，セルフサービスの具体的な内容についての説明。

4 7行目に「自動車での買い物が中流階級を中心に普及した」と書かれている。「誰でも」ではない。

2 第3行中写有"自分が欲しい物を選んで"。不过，这不是超市普及的原因，而是就自助式服务的具体内容进行的说明。

4 第7行中写有"自動車での買い物が中流階級を中心に普及した"。不是"誰でも"。

Ở dòng 8 có "たくさん買って，車で家に持ち帰るというライフスタイルが広まった結果". Tức là "商品をたくさん買って運べるようになった (người ta đã có thể mua và chở được nhiều món hàng)" nhờ có xe hơi. Lý do chính là phần "〜" nằm trước "〜結果".

1 Tuy ở dòng 5 có "店員の負担もかなり軽減されました" nhưng đây không phải lý do siêu thị trở nên phổ biến mà người viết nghĩ đến.

2 Ở dòng 3 có ghi "自分が欲しい物を選んで". Chỉ có điều đây không phải là lý do siêu thị trở nên phổ biến một cách nhanh chóng mà là phần diễn giải về nội dung chi tiết của loại hình tự phục vụ.

4 Ở dòng 7 có ghi "自動車での買い物が中流階級を中心に普及した". Không phải "誰でも".

6 回目

p.35 〜 p.41

問題 1
正解 　4

（ Ａ ）の前には，「（見た目はウナギに似ているが）ヤツメウナギはウナギの仲間ではない」とある。そして，（ Ａ ）の後には「厳密には，魚類とも異なる生き物とされている」とある。二つの文はどちらも，「ヤツメウナギ」がウナギの仲間ではなく，さらに魚類の仲間でもないというように，「ヤツメウナギ」があるグループに属さないという意味を表している。したがって，（ Ａ ）には，情報をプラスするという意味の接続詞が入る。

Before (Ａ), it says "（見た目はウナギに似ているが）ヤツメウナギはウナギの仲間ではない," and then it says "厳密には，魚類とも異なる生き物とされている" after (Ａ). Both sentences mention a group that "ヤツメウナギ" do not belong to, stating that they are neither eels nor fish. Therefore, a conjunction that is used to add information fits in (Ａ).

（ Ａ ）之前写有"（見た目はウナギに似ているが）ヤツメウナギはウナギの仲間ではない"。然后在（ Ａ ）之后写了"厳密には，魚類とも異なる生き物とされている"。这两句话的意思都表示了"ヤツメウナギ"既不是鳗鱼的同类，也不是鱼类的成员，"ヤツメウナギ"不属于某个群体。因此，填入（ Ａ ）的应该是一个表示添加信息的连词。

Trước (Ａ) là "（見た目はウナギに似ているが）ヤツメウナギはウナギの仲間ではない" và sau (Ａ) là "厳密には，魚類とも異なる生き物とされている". Cả 2 câu đều biểu thị ý "ヤツメウナギ" không thuộc về một nhóm nào đó, ví dụ như không phải họ nhà lươn cũng chẳng phải họ nhà cá. Vậy nên phải điền liên từ mang nghĩa bổ sung thông tin vào (Ａ).

問題2
正解 　4

8行目に「赤と青緑は補色の関係です」とある。「（ Ａ ）の補色である（ Ｂ ）」とあるので，A，Bには補色の関係にある色が入る。

Line 8 says "赤と青緑は補色の関係です." Later, "（ Ａ ）の補色である（ Ｂ ）" is stated, so A and B are complementary colors. Line 10 says "手術で赤い血を見続けた," so the color that appears like an afterimage is blue-green, which is a complementary color to red.

10行目に「手術で赤い血を見続けた」とあるので，残像のように浮かぶ色は，赤の補色である青緑。

第 8 行中写有 "赤と青緑は補色の関係です"。因为写的是 "（　A　）の補色である（　B　）"，所以填入 A、B 的应该是互补色相关的颜色。第 10 行中写有 "手術で赤い血を見続けた"，因此像残像一样浮现出来的颜色是红色互补色的蓝绿色。

Ở dòng 8 có "赤と青緑は補色の関係です". Vì "（　A　）の補色である（　B　）" nên phải điền những màu có mối quan hệ bổ túc vào A, B. Ở dòng 10 có "手術で赤い血を見続けた" nên màu hiện lên theo kiểu dư ảnh là màu bổ túc của đỏ, tức là xanh dương và xanh lá.

7 回目　　　　　　　　　　　　p.42 〜 p.45

問題 I

正解　3

下線部「経営者としての大きさ」の文頭（8行目）を見ると「そこに」という指示語がある。「そこ」とは何を指しているかに注目する。その前を見ると，「休日を『休む』だけでなく，教養を身につけるための時間と考えた」とある。つまり，社員にとって，働く上で教養が大切だと考えていたということ。

1　松下幸之助は大企業の経営者だったが，「経営者としての大きさ」は，会社ではなく，人としての大きさという意味。

2　4〜5行目に「1965年……週休2日制を導入した」とあるが，「日本の大企業で初めて」であって，「日本で初めて」とは書かれていない。

4　4行目に「『経営の神様』と呼ばれた」とあるが，問いとは関係ない。

If you look at the beginning of the sentence that has the underlined "経営者としての大きさ" (Line 8), you will see the demonstrative "そこに." Notice what the "そこ" refers to. Looking at the previous sentence, the author says "休日を『休む』だけでなく，教養を身につけるための時間と考えた." In other words, Matsushita believed that education was important for employees' work.
1 Konosuke Matsushita was the manager of a large company, but "経営者としての大きさ" means his greatness as a person, not the size of the company.
2 Lines 4 to 5 say "1965年……週休2日制を導入した," but the sentence says "日本の大企業で初めて" and not "日本で初めて."
4 Line 4 says "『経営の神様』と呼ばれた," but this has nothing to do with the question.

看下划线部分 "経営者としての大きさ" 一句的开头（第 8 行），就会发现有一个指示代词 "そこに"。注意看一下 "そこ" 指的是什么。在它之前写有 "休日を『休む』だけでなく，教養を身につけるための時間と考えた"。也就是说，他认为对于员工来说，教养在工作上很重要。
1 松下幸之助是大企业的经营者，但 "経営者としての大きさ" 的意思不是公司之大，而是作为一个人的伟大。
2 第 4〜5 行中写有 "1965年……週休2日制を導入した"，写的是 "日本の大企業で初めて"，没有写 "日本で初めて"。
4 第 4 行中写有 "『経営の神様』と呼ばれた"，但是和问题没关系。

Đứng đầu câu có chứa phần gạch dưới "経営者としての大きさ" (dòng 8) là chỉ thị từ "そこに". Chú ý xem "そこ" chỉ cái gì. Ở trước đó có "休日を『休む』だけでなく，教養を身につけるための時間と考えた". Nói cách khác, đó là suy nghĩ đối với nhân viên thì giáo dục là điều quan trọng để làm việc tại công ty.
1 Tuy Matsushita Konosuke là nhà lãnh đạo doanh nghiệp lớn nhưng "経営者としての大きさ" có nghĩa là sự vĩ đại về phương diện con người chứ không phải công ty.
2 Tuy ở dòng 4-5 có "1965年……週休2日制を導入した" nhưng là "日本の大企業で初めて" chứ không phải "日本で初めて".
4 Tuy ở dòng 4 có "『経営の神様』と呼ばれた" nhưng lại không liên quan đến câu hỏi.

問題2

正解　2

7行目に「駅員がいなければ，当然ながらこのようなサポートは難しい」とある。「このようなサポート」は，介助サービスのこと。

1　4行目に「切符は自動券売機で売られ」とあり，無人駅になっても切符は買える。

3　駅で働きたい人が増えているか，減っているかについては書かれていない。

4　無人駅が増えると，「鉄道の利用者がさらに減る」とは書かれていない。

Lines 7 say "駅員がいなければ，当然ながらこのようなサポートは難しい," and "このようなサポート" refers to assistance services.

1　Line 4 says "切符は自動券売機で売られ," meaning that people can buy tickets even if the station is not staffed.

3　It does not say whether the number of people who want to work at stations is increasing or decreasing.

4　It does not say that "鉄道の利用者がさらに減る (the number of railway users will decrease further)" as the number of unstaffed stations increases.

第7行中写有"駅員がいなければ，当然ながらこのようなサポートは難しい"。"このようなサポート"指的是介助支援。

1　第4行中写着"切符は自動券売機で売られ"，就是即使没有站务员的小车站也能买到票。

3　没有写想在车站工作的人是增加了，还是减少了。

4　没有写没有站务员的小车站一旦增多，"鉄道の利用者がさらに減る（利用铁路的乘客进一步减少）"。

Ở dòng 7 có "駅員がいなければ，当然ながらこのようなサポートは難しい"。"このようなサポート" là dịch vụ hỗ trợ.

1　Ở dòng 4 có "切符は自動券売機で売られ" nên vẫn mua được vé ở nhà ga không nhân viên.

3　Không viết gì về chuyện số người muốn làm việc ở nhà ga đang tăng hay giảm.

4　Không ghi rằng nếu số nhà ga không nhân viên tăng lên thì "鉄道の利用者がさらに減る (số người sử dụng đường sắt sẽ giảm hơn nữa)".

問題3

正解　4

4～5行目に「受賞研究のテーマは……実にユニーク」「タイトルを見ただけで笑顔になる」，12行目「名前からして，やはり面白い」などとあり，筆者はこの賞に対してプラスのイメージを持っていることがわかる。

1　「変えてしまう」は，変わることが残念だという意味になる。だが，8～9行目で「このようなニュースを見れば，『ユーモアに欠ける』という日本人のイメージも変わるかもしれない」と述べている。ここから，筆者は日本人のイメージが変わることに期待していることがわかる。

2　11～12行目にイグ・ノーベル賞という名称の由来について，「『不名誉な』を意味す

Lines 4 to 5 say "受賞研究のテーマは……実にユニーク" and "タイトルを見ただけで笑顔になる," and line 12 says "名前からして，やはり面白い." These indicate that the author has a positive image of the prize.

1　"変えてしまう" means that it is unfortunate that it will change. However, lines 8 to 9 say "このようなニュースを見れば，『ユーモアに欠ける』という日本人のイメージも変わるかもしれない." From this, it can be understood that the author hopes that the image of Japanese people will change.

2　Lines 11 to 12 mention the origins of the name of the Ig Nobel Prize as "『不名誉な』を意味する『ignoble』と発音が似ている," but the author does not say that it is a "不名誉な賞 (an ignoble award)."

3　Line 10 says "この賞には賞金はない," but the author does not say that this is "おかしい (strange)."

第4～5行中写有"受賞研究のテーマは……実にユニーク""タイトルを見ただけで笑顔になる"，第12行中写有"名前からして，やはり面白い"等，从而得知作者对这一奖项抱有好印象。

1　"変えてしまう"是对发生的变化感到遗憾的意思。但是，在第8～9行中所讲的是"このようなニュースを見れば，『ユーモアに欠ける』という日本人のイメージも変わるかもしれない"。从而可得知，作者是期待着日本人的形象发生变化的。

2　第11～12行目中对于搞笑诺贝尔奖的由来，写的是"『不名誉な』を意味する『ignoble』と発音が似ている"，但作者没有说是"不名誉な賞（不光彩的奖）"。

3　第10行中写有"この賞には賞金はない"，但对此作者并没有说"おかしい（不正常）"。

る『ignoble』と発音が似ている」とある
が，筆者は「不名誉な賞」とは言っていな
い。

3　10行目に「この賞には賞金はない」とあ
るが，これについて筆者は「おかしい」と
は言っていない。

"受賞研究のテーマは……実にユニーク"，"タイトルを見た
だけで笑顔になる"が4-5行目と"名前からして，やはり面
白い"が12行目v.v. cho thấy người viết có cái nhìn tích cực
đối với giải thưởng này.
1　"変えてしまう" hàm ý tiếc nuối trước sự thay đổi. Ở dòng
8-9 có ghi "このようなニュースを見れば，『ユーモアに
欠ける』という日本人のイメージも変わるかもしれない".
Điều đó cho thấy người viết trông đợi sự thay đổi hình ảnh
người Nhật.
2　Ở dòng 11-12 có "『不名誉な』を意味する『ignoble』と
発音が似ている" để nói về nguồn gốc tên gọi giải thưởng
Ig Nobel nhưng người viết không nói là "不名誉な賞 (giải
thưởng đáng hổ thẹn)".
3　Ở dòng 10 có "この賞には賞金はない" nhưng người viết
không nhận xét như thế là "おかしい (lạ lùng)".

4～5行目に「それは，犬の鼻はにおいを受け
取る部位の面積が広く，細胞数も多いためだ」
とある。「～ためだ」という理由を表す表現に
注目する。

1　においの強弱については書かれていない。

2　6～7行目に「においをキャッチできる距
離となると，最大でわずか3mほどだ」とあ
る。遠くのにおいは嗅ぐことができな
い。

4　3～4行目に「(犬は) 人間の100万倍以上
の嗅覚を持つ」とあるが，「鼻の細胞が人
間の100万倍近くある」とは言っていない。

Lines 4 to 5 say "それは，犬の鼻はにおいを受け取る部位
の面積が広く，細胞数も多いためだ." Pay attention to "～
ためだ," which is an expression that conveys the reason.
1　No mention is made of the strength of the smell.
2　Lines 6 to 7 say "においをキャッチできる距離となると，
最大でわずか3mほどだ," so dogs cannot smell distant
things.
4　Lines 3 to 4 say "(犬は) 人間の100万倍以上の嗅覚を持
つ," but it does not say "鼻の細胞が人間の100万倍近く
ある (There are nearly a million times more cells in a dog's
nose than a human's)."

第4～5行中写有"それは，犬の鼻はにおいを受け取る部
位の面積が広く，細胞数も多いためだ"。注意"～ためだ"
这一表示原因的表达方式。
1　没有写气味的大小。
2　第6～7行中写有"においをキャッチできる距離となる
と，最大でわずか3mほどだ"。远处的气味闻不到。
4　第3～4行中写有"(犬は) 人間の100万倍以上の嗅覚
を持つ"，但并没有说"鼻の細胞が人間の100万倍近く
ある (鼻子的细胞是人类的将近100万倍)"。

Ở dòng 4-5 có "それは，犬の鼻はにおいを受け取る部位の
面積が広く，細胞数も多いためだ". Chú ý đến mẫu diễn đạt
thể hiện lý do "～ためだ".
1　Không viết gì về độ mạnh yếu của mùi.
2　Ở dòng 6-7 có "においをキャッチできる距離となると，最
大でわずか3mほどだ". Mùi ở xa thì chó không ngửi thấy
được.
4　Ở dòng 3-4 có "(犬は) 人間の100万倍以上の嗅覚を持つ"
nhưng không nói rằng "鼻の細胞が人間の100万倍近くあ
る (tế bào ở mũi của chó nhiều hơn của người gần 1 triệu
lần)".

8 回目　　　　　　　　　　　　　　　　　　p.46 ～ p.49

8行目に，「上記日程より都合のいい日を選び，
必ずご参加ください」とある。

Line 8 says "上記日程より都合のいい日を選び，必ずご参加
ください."

2 【募集人数】に,「15 名程度」とある。これは,大体 15 名ということ。また,「希望者が多い場合は抽選」とあるため,「先着」ではない。

3 11 行目に,「前回の交流会参加者も歓迎」とある。前に参加しても,また参加できる。

4 10 行目に,「秋川大学の留学生」と書かれている。他の大学の留学生は参加できない。

2 The "【募集人数】" is "15 名程度," which means about 15 people. In addition, it is not "先着 (first come first served)" because the text says "希望者が多い場合は抽選."

3 Line 11 says "前回の交流会参加者も歓迎," so people can participate again even if they have participated before.

4 Line 10 says "秋川大学の留学生," so international students from other universities cannot participate.

第 8 行中写有"上記日程より都合のいい日を選び,必ずご参加ください".

2 【募集人数】写的是"15 名程度"。这是说大约 15 名。另外,因为写有"希望者が多い場合は抽選",所以不是"先着(先到)"。

3 第 11 行中写有"前回の交流会参加者も歓迎"。即使上次参加过,这次也还可以参加。

4 第 10 行中写了"秋川大学の留学生"。其他大学的留学生不能参加。

Ở dòng 8 có "上記日程より都合のいい日を選び,必ずご参加ください".

2 Trong mục "募集人数" có "15 名程度", nghĩa là khoảng 15 người. Ngoài ra, vì "希望者が多い場合は抽選" nên không phải là "先着 (đến trước)".

3 Ở dòng 11 có "前回の交流会参加者も歓迎". Người đã từng tham gia vẫn có thể tham gia được.

4 Ở dòng 10 có ghi "秋川大学の留学生". Du học sinh của trường đại học khác không tham gia được.

問題 2

正解　4

7 行目に,「作業に必要な長靴やバケツなどは,当方で用意します」とある。「当方」とは,このお知らせを出した「東西市災害課」のこと。自分で用意しなくていい。

1 14 行目に,「食事は各自ご用意ください」とあるので,食事は出ない。

2 13 行目に,「東西市内に通学,通勤,またはお住まいの方」とある。東西市に通勤,通学していれば,住んでいなくても参加できる。

3 12 行目に,「高校生以上」とある。中学生は参加できない。

Line 7 says "作業に必要な長靴やバケツなどは,当方で用意します." "当方" refers to "東西市災害課," which issued the notice. Volunteers don't need to prepare/bring these items themselves.

1 Line 14 says "食事は各自ご用意ください," so no meals will be served.

2 Line 13 says "東西市内に通学,通勤,またはお住まいの方," so people who go to school or work in Tozai City can participate even if they do not live there.

3 Line 12 says "高校生以上," so junior high school students cannot participate.

第 7 行中写有"作業に必要な長靴やバケツなどは,当方で用意します"。"当方"指的是发出这一通知的"東西市災害課"。不用自己准备。

1 第 14 行中写有"食事は各自ご用意ください",所以不提供饭食。

2 第 13 行中写有"東西市内に通学,通勤,またはお住まいの方"。只要是在东西市上班、上学,即使不住在这里也可以参加。

3 第 12 行中写有"高校生以上"。初中生不能参加。

Ở dòng 7 có "作業に必要な長靴やバケツなどは,当方で用意します"。"当方" tức là "東西市災害課", nơi đưa ra thông báo. Không cần tự chuẩn bị.

1 Ở dòng 14 có "食事は各自ご用意ください" nên sẽ không cung cấp bữa ăn.

2 Ở dòng 13 có "東西市内に通学,通勤,またはお住まいの方". Không cần sinh sống, chỉ cần đi làm, đi học tại thành phố Tozai là tham gia được.

3 Ở dòng 12 có "高校生以上" nên học sinh cấp II không tham gia được.

せいかい
正解　3

3行目に「本学卒業生であり」とある。「本学」とは，この学校という意味。

1　12行目の「入場方法」に，「当日……整理券を配布します」とある。電話番号が記載されているのは申し込みではなく，問い合わせのため。

2　整理券の配布は10時からだが，15行目に「定員になり次第，配布終了とさせていただきます」とある。必ず入場できるとは限らない。

4　12行目の「入場方法」に，「当日……整理券を配布します」とあるので，前の日にもらうことはできない。

Line 3 says "本学卒業生であり." "本学" means "this school."

1　Line 12 says "当日……整理券を配布します" in the section about "入場方法." The listed phone number is for inquiries, not applications.

2　Numbered tickets will be distributed from 10:00, but line 15 says "定員になり次第，配布終了とさせていただきます," so not everyone will necessarily be able to get in.

4　Line 12 says "当日……整理券を配布します" in the section about "入場方法," so people cannot get tickets on the day before.

第3行中写有 "本学卒業生であり"。"本学" 是本所学校的意思。

1　第12行的 "入場方法" 中写有 "当日……整理券を配布します"。写有电话号码不是为了报名，而是为了查询。

2　10点开始发排队号码牌，但第15行中写有 "定員になり次第，配布終了とさせていただきます"。并不一定都能入场。

4　第12行的 "入場方法" 中写有 "当日……整理券を配布します"，所以前一天是拿不到的。

Ở dòng 3 có "本学卒業生であり". "本学" nghĩa là trường này.

1　Ở mục "入場方法" dòng 12 có "当日……整理券を配布します". Số điện thoại là để hỏi thông tin, không phải để đăng ký tham dự.

2　Phát vé có đánh số từ 10 giờ nhưng ở dòng 15 có "定員になり次第，配布終了とさせていただきます". Không chắc chắn là sẽ vào dự được.

4　Ở mục "入場方法" dòng 12 có "当日……整理券を配布します" nên không nhận vào ngày hôm trước được.

せいかい
正解　2

13行目に，「シェア農園（有料）の契約をご希望の方は……」とある。希望者だけで，全員が契約しなくてもいい。

1　16行目の「参加申し込み」に，「お一人様1回とさせていただきます」とあるので，参加できるのは1回のみ。

3　15行目の「持ち物」のところに，「作業に必要な道具は，こちらでご用意します」とあるので，自分で用意する必要はない。

4　体験会への参加は無料だが，13行目に，「シェア農園（有料）」とある。「1年間無料で利用することができる」とは書かれていない。

Line 13 says "シェア農園（有料）の契約をご希望の方は……," so only those who want to should sign up, not everyone.

1　Line 16 says "お一人様1回とさせていただきます" in the section about "参加申し込み," so people can only participate once.

3　Line 15 says "作業に必要な道具は，こちらでご用意します" in the section about "持ち物," so people do not need to bring/prepare these items themselves.

4　Participation in the trial session is free, but line 13 mentions "シェア農園（有料）." It does not say that the farm "1年間無料で利用することができる (can be used free of charge for one year)."

第13行中写有 "シェア農園（有料）の契約をご希望の方は……"。并不要求所有人都签约，仅限于有此意愿的人。

1　第16行的 "参加申し込み" 中写有 "お一人様1回とさせていただきます"，所以只参加一次。

3　第15行的 "持ち物" 的地方写有 "作業に必要な道具は，こちらでご用意します"，所以不用自己准备。

4　虽然参加体验是免费的，但第13行中写有 "シェア農園（有料）"。没有写 "1年間無料で利用することができる（可以免费利用一年）"。

Ở dòng 13 có "シェア農園（有料）の契約をご希望の方は……". Chỉ những người muốn, không phải tất cả mọi người đều làm hợp đồng.

1　Ở mục "参加申し込み" dòng 16 có "お一人様1回とさせていただきます" nên chỉ tham gia được 1 lần.

3　Ở mục "持ち物" dòng 15 có "作業に必要な道具は，こちらでご用意します" nên không cần tự chuẩn bị.

4　Tham gia buổi trải nghiệm thì miễn phí nhưng ở dòng 13 có "シェア農園（有料）". Không ghi rằng "1年間無料で利用することができる (được sử dụng miễn phí trong 1 năm)".

問題 1
<small>もんだい</small>

問 1   正解   3
<small>とい</small>   <small>せいかい</small>

食育は給食を通して，それを食べる子どもたちに対してするものであるが，11 行目に「まず大人が十分に理解しなければならない」，13 行目に「大人も食について学び直すべきではないだろうか」とある。大人にも必要だと言っている。

1 これは，給食の始まりのときに，給食を提供した相手。この問いとは関係がない。

2 食糧不足で栄養状態が悪かった子どもたちのために，給食が再開された。しかし，この問いとは関係がない。

4 給食について書かれているが，「給食を作る大人たち」のことは話していない。

Nutrition education is provided to children through the school lunches they eat. However, line 11 says "まず大人が十分に理解しなければならない" and then line 13 says "大人も食について学び直すべきではないだろうか," so the text is saying that it is necessary for adults as well.
1 This is who was provided with school lunches when they started. It has nothing to do with this question.
2 School lunches were resumed for children who were malnourished due to food shortages, but this has nothing to do with this question.
4 The text mentions school lunches, not the "給食を作る大人たち."

食育是通过学校供餐，针对吃供餐的孩子们进行的教育，但第 11 行中写有 "まず大人が十分に理解しなければならない"，第 13 行中写有 "大人も食について学び直すべきではないだろうか"。说的是对成年人也是必要的。
1 这是学校供餐开始时，提供供餐的对象。和这个问题没关系。
2 为了由于粮食短缺而导致营养不良的孩子们恢复了学校供餐。但是与这个问题并没有关系。
4 写了学校供餐，但没有提及 "給食を作る大人たち"。

Tuy giáo dục về chuyện ăn uống hướng đến đối tượng là trẻ em, thông qua bữa ăn học đường nhưng ở dòng 11 có "まず大人が十分に理解しなければならない" và dòng 13 có "大人も食について学び直すべきではないだろうか". Người viết nói rằng nó cần thiết cho cả người lớn.
1 Đây là đối tượng được cung cấp bữa ăn học đường vào thời kỳ đầu của nó nên không liên quan đến câu hỏi.
2 Bữa ăn học đường đã được cung cấp lại nhằm giúp trẻ em bị suy dinh dưỡng do thiếu lương thực. Tuy nhiên, điều này không liên quan đến câu hỏi.
4 Văn bản viết về bữa ăn học đường nhưng không đề cập đến "給食を作る大人たち".

問 2   正解   1
<small>とい</small>   <small>せいかい</small>

6 〜 8 行目に，「『食育』は，栄養バランスに関する知識や……食事のマナーや地域の食文化などを幅広く学ぶものだ」とある。

2 1 行目に「日本の学校給食の始まりは 1889 年のことだ」とあるが，「ある地方の寺の中にある私立小学校」でのこと。「日本全国でいっせいに始まった」のではない。

3 「『食育』という授業の時間がある」とは書かれていない。

Lines 6 to 8 say "『食育』は栄養バランスに関する知識や……食事のマナーや地域の食文化などを幅広く学ぶものだ."
2 Line 1 says "日本の学校給食の始まりは 1889 年のことだ," but this was at a "ある地方の寺の中にある私立小学校," so school lunches were not "日本全国でいっせいに始まった (provided nationwide at the start)."
3 It does not say "『食育』という授業の時間がある (there is a class named "dietary education")."
4 It does not mention the content of "食育" being divided.

第 6 〜 8 行中写有 "『食育』は栄養バランスに関する知識や……食事のマナーや地域の食文化などを幅広く学ぶものだ"。
2 第 1 行中写有 "日本の学校給食の始まりは 1889 年のことだ"，但这是 "ある地方の寺の中にある私立小学校" 的事情，并不是 "日本全国でいっせいに始まった（在日本全国一起开始）"。
3 并没有写 "『食育』という授業の時間がある（有『食育』这门课的时间）"。
4 没有写把 "食育" 的内容分开。

4 「食育」の内容を分けるということは書か
れていない。

 Ở dòng 6-8 có "『食育』は栄養バランスに関する知識や……
食事のマナーや地域の食文化などを幅広く学ぶものだ".
2 Ở dòng 1 có "日本の学校給食の始まりは 1889 年のことだ"
nhưng chỉ ở "ある地方の寺の中にある私立小学校". Không
phải "日本全国でいっせいに始まった (bắt đầu cùng lúc
trên toàn nước Nhật)".
3 Không ghi rằng "『食育』という授業の時間がある (có giờ
học "食育")".
4 Không ghi rằng có việc phân chia nội dung "食育".

問題2

問1　正解　2

（　A　）の前に光害の例がある。そこでは，
動物，植物，人間と，幅広い範囲への影響が書
かれている。
1　光害が改善しているということは書かれて
いない。
3　本文では将来のことではなく，現在のこと
について書かれている。
4　動植物と人間の活動時間を分けるというこ
とは書かれていない。

There are some examples of light pollution before (A). It
describes its effects on a wide range of animals, plants, and
people.
1 It does not say that light pollution is improving.
3 It mentions the present, not the future.
4 There is no mention of separating the activity times of
plants, animals, and people.

在（　A　）之前有一个光污染的例子。写了对动物、植物
以及人类的广泛影响。
1 没有写光污染正在改善。
3 正文写的不是将来，而是现在的事情。
4 没有写把动植物与人类的活动时间分开。

Trước (A) có ví dụ về ô nhiễm ánh sáng. Trong đó có ghi
về những ảnh hưởng của nó trên nhiều nhóm như động vật,
thực vật, con người.
1 Không ghi rằng ô nhiễm ánh sáng đang được cải thiện.
3 Văn bản này không viết về chuyện tương lai mà viết về
chuyện hiện tại.
4 Không ghi gì về chuyện phân chia thời gian hoạt động
của động thực vật và con người.

問2　正解　2

13 行目に「光が私たちに与える負の作用も考
える必要があるでしょう」と書かれている。
「負」というのは，悪い，マイナスという意味
なので，悪影響があることについて考える必要
があるという内容と合う。
1　「夜空の星が見えるように」対策を取るべ
きだと言っているのではなく，光害全体に
ついて考えるべきだと言っている。
3　光害の例として，9 ～ 10 行目に「住人の
プライバシーを侵害したり，睡眠を妨げた
りすることも光害の一つ」と書かれている
が，それは筆者の最も言いたいことではな
い。

Line 13 says "光が私たちに与える負の作用も考える必要
があるでしょう." "負" has a bad or negative meaning, so it
fits with the content of the text that it is necessary to think
about the negative effects.
1 It does not say that we should take steps for "夜空の星
が見えるように (to be able to see the stars in the night
sky)," but rather that we should think about light pollution
as a whole.
3 As an example of light pollution, lines 9 to 10 say "住人の
プライバシーを侵害したり，睡眠を妨げたりすることも
光害の一つ," but this is not the author's main point.
4 The author does not go so far as to say "照明を使わない
ようにするのがいい (it is better to not use lights)." "考
える必要がある" in line 13 is a softer way of suggesting
something.

第 13 行中写了 "光が私たちに与える負の作用も考える必
要があるでしょう"。由于 "負" 是不好，负面的意思，所
以与需要考虑有负面影响的内容一致。
1 没有写应该采取 "夜空の星が見えるように (能看到星
空那样)" 的对策，而是说应该对光污染的全部加以认识
考虑。
3 作为光污染的案例，在第 9 ～ 10 行中写了 "住人のプラ
イバシーを侵害したり，睡眠を妨げたりすることも光害
の一つ"，但那并不是作者最想说的事情。
4 并没有说到 "照明を使わないようにするのがいい (最好
不要使用照明)" 这一程度。第 13 行中的 "考える必要
がある" 的说法，作为提案是比较低调的。

4 「照明を使わないようにするのがいい」と
までは言っていない。13行目の「考える
必要がある」というのは，提案としては控
えめな言い方。

Ở dòng 13 có ghi "光が私たちに与える負の作用も考える必要
があるでしょう"。"負" mang nghĩa xấu, tiêu cực nên phù hợp
với nội dung là cần suy nghĩ về chuyện có ảnh hưởng xấu.
1 Không phải nói rằng nên có cách xử lý để "夜空の星が見
えるように (thấy được sao trên trời đêm)" mà là nên suy
nghĩ về toàn bộ vấn đề ô nhiễm ánh sáng.
3 Ở dòng 9-10 có ghi "住人のプライバシーを侵害したり，
睡眠を妨げたりすることも光害の一つ" để làm ví dụ cho ô
nhiễm ánh sáng nhưng đó không phải là điều người viết
muốn nói nhất.
4 Không nói hẳn rằng "照明を使わないようにするのがい
い (nên hạn chế dùng thiết bị chiếu sáng)"。"考える必要
がある" ở dòng 13 là cách nói giảm nói tránh theo kiểu
đề xuất.

問題3
問1　正解　3

6～7行目に「それは，竹から多くの栄養を摂
るのが難しいからだ」とある。「それは～から
だ」は理由を述べる表現。その直前の「ほとん
どの時間を食事に費やしている」理由を説明し
ている。
1 3～4行目に「一年を通して手に入れやす
い竹を主食とする」とあるが，「竹しか食
べられない」とは書かれていない。
2 7～8行目に「長い時間をかけて大量の竹
を食べ……長時間寝なければならない」と
あるが，「長時間寝るので，すぐ空腹にな
る」とは書かれていない。
4 1段落目にパンダが竹を食べるようになっ
た理由があるが，「竹が大好物」とまでは
書かれていない。

Lines 6 to 7 say "それは，竹から多くの栄養を摂るのが難
しいからだ"。"それは～からだ" is an expression that states
a reason. It explains that: "ほとんどの時間を食事に費やし
ている" immediately before this.
1 Lines 3 to 4 say "一年を通して手に入れやすい竹を主食
とする," but it does not say "竹しか食べられない (they
can only eat bamboo)."
2 Lines 7 to 8 say "長い時間をかけて大量の竹を食べ……
長時間寝なければならない," but they don't say "長時間
寝るので，すぐ空腹になる (they sleep for a long time
and get hungry quickly)."
4 Paragraph I states the reason why pandas started eating
bamboo, but it does not go so far as to say "竹が大好物
(bamboo is their favorite)."

第6～7行中写有 "それは，竹から多くの栄養を摂るのが
難しいからだ"。"それは～からだ" 是用于叙述原因时的表
达方式。是在说明在它之前的 "ほとんどの時間を食事に費
やしている" 的原因。
1 第3～4行中写有 "一年を通して手に入れやすい竹を
主食とする"，但没有写 "竹しか食べられない（只能吃
竹子）"。
2 第7～8行中写有 "長い時間をかけて大量の竹を食べ
……長時間寝なければならない"，但并没有写 "長時間
寝るので，すぐ空腹になる（因为睡觉的时间长，所以
很快肚子就会饿）"。
4 在第1段中有大熊猫开始吃竹子的原因，但没有写 "竹
が大好物（竹子是最喜欢的食物）" 这一程度。

Ở dòng 6-7 có "それは，竹から多くの栄養を摂るのが難しい
からだ"。"それは～からだ" là mẫu diễn đạt nêu lý do. Nó giải
thích lý do của "ほとんどの時間を食事に費やしている" ở
ngay trước đó.
1 Tuy ở dòng 3-4 có "一年を通して手に入れやすい竹を主
食とする" nhưng không ghi rằng gấu trúc "竹しか食べら
れない (chỉ ăn được cây trúc)"。
2 Tuy ở dòng 7-8 có "長い時間をかけて大量の竹を食べ
……長時間寝なければならない" nhưng không ghi rằng
"長時間寝るので，すぐ空腹になる (vì ngủ lâu nên đói
bụng ngay)"。
4 Ở đoạn 1 có lý do gấu trúc chuyển sang ăn cây trúc nhưng
không ghi đến mức "竹が大好物 (cây trúc là món ăn yêu
thích)"。

問2 正解 3

下線部「実に面白いものだ」（12行目）の前に注目する。この段落には，パンダが木登りが上手だという話が出てくる。これは，他の動物から自分を守るための習性。動物園で生まれて野生を知らず，他の動物に襲われる心配のないパンダにも，その能力が身についている。筆者はそれが面白いと言っている。

1 敵から身を守る習性はあるが，実際に敵がいるとは書かれていない。

2 赤ちゃんに木登りを教えるとは書かれていない。

4 1～2行目に「かつて肉食だった」とあるが，「面白い」と言っているのはこの部分ではない。また，4行目に現在は「雑食となった」と書かれている。

Pay attention to part before the underlined "実に面白いものだ" (line 12). This paragraph mentions that pandas are good at climbing trees. This is a habit they have to protect themselves from other animals. Even pandas, that were born in zoos and have never lived in the wild have this ability, although they are not at risk of being attacked by other animals.

1 It is a habit for pandas to defend themselves against enemies, but the text does not say that they actually have enemies.

2 It does not mention baby pandas being taught to climb trees.

4 Lines 1 to 2 say "かつて肉食だった," but this is not the part that the author considers interesting. Also, line 4 says they are currently "雑食となった."

注意看下划线部分 "实在面白いものだ"（第12行）之前。在这一段落中，提到了大熊猫擅长爬树。这是保护自己免受其他动物侵害的习性。即使是出生在动物园里，不知道野生环境，不用担心被其他动物攻击的大熊猫，也有着这种能力。作者说这很有意思。

1 它们有保护自己免受天敌侵害的习性，但没有写它们实际上有天敌。

2 没有写教幼崽爬树。

4 第1～2行中虽然写 "かつて肉食だった"，但所说 "有意思的" 并不是这一部分。另外，第4行中还写有现在 "雑食となった"。

Chú ý đến phía trước phần gạch dưới "実に面白いものだ" (dòng 12). Trong đoạn này có nhắc đến chuyện gấu trúc giỏi leo cây. Đây là tập tính để bảo vệ bản thân khỏi những động vật khác. Cả những con gấu trúc được sinh ra trong vườn thú, không biết đến thế giới hoang dã, không lo bị động vật khác tấn công cũng có khả năng này. Người viết nói điều đó là thú vị.

1 Đây là tập tính bảo vệ mình trước kẻ thù nhưng không ghi rằng có kẻ thù thật.

2 Không ghi rằng gấu trúc dạy con non leo cây.

4 Tuy ở dòng 1-2 có "かつて肉食だった" nhưng đây không phải là phần mà người viết nói là thú vị. Ngoài ra ở dòng 4 có ghi hiện tại thì "雑食となった".

---

10 回目

p.56～p.59

問題Ⅰ

問Ⅰ 正解 2

（ A ）の前に注目する。5～6行目に「遠隔操作によってロボットを通して接客する」とある。（ A ）の前には，「つまり」とあるので，その前の内容を言い換えている。

1 スタッフの人数については書かれていない。

3 8～9行目に「海外に住みながら……人も

Note the part before (A). Lines 5 to 6 say "遠隔操作によってロボットを通して接客する." The word "つまり," before (A), indicates that (A) paraphrases what precedes it.

1 The number of staff is not mentioned.

3 Lines 8 to 9 say "海外に住みながら……人もいます," which means that there are such cases, but not all of them.

4 The text explains that the staff operate the robots via remote control.

注意看（ A ）之前的部分。第5～6行中写有 "遠隔操作によってロボットを通して接客する"。在（ A ）的前面有 "つまり"，所以这是把前面的内容置换的一种说法。

1 没有写工作人员的人数。

3 第8～9行中写有 "海外に住みながら……人もいます"，这是说也有这样的案例。不是全体。

います」とあるが，これは，そういうケースもあるということ。全員ではない。

4 スタッフが遠隔操作によってロボットを操作すると説明されている。

4 在讲工作人员远程操作机器人。

Chú ý đến phần trước (A). Ở dòng 5-6 có "遠隔操作によってロボットを通して接客する". Trước (A) có "つまり" nên nội dung phía trước đó đang được nói lại theo cách khác.
1 Không ghi gì về số lượng nhân viên.
3 Ở dòng 8-9 có "海外に住みながら……人もいます" nhưng điều đó nghĩa là cũng có trường hợp như thế, chứ không phải tất cả mọi người.
4 Văn bản đang diễn giải về việc nhân viên điều khiển robot từ xa.

問2　正解　4

ロボットで接客するカフェや注文を間違える料理店などのアイデアにより，「働く可能性が広がっている」人たちについて書かれている。

1 10行目に「接客の合間に客との会話を楽しむこともできます」とあるが，「会話を楽しみたい人だけ」とは書かれていない。

2 注文を間違える料理店で働いているのは，認知症の人たちで，ロボットではない。

3 働く可能性は広がっているが，「働きたいと思っている人が全員働ける」とまでは書かれていない。

It mentions about people's "働く可能性が広がっている (working possibilities being expanded" by ideas such as cafes where robots serve customers and restaurants where orders are taken incorrectly.
1 Line 10 says "接客の合間に客との会話を楽しむこともできます," but it does not say "会話を楽しみたい人だけ (only people who want to enjoy conversation)."
2 It is people with dementia, not robots, who work in restaurants that where orders are taken incorrectly.
3 Possibilities for work are expanding, but the text does not say "働きたいと思っている人が全員働ける (everyone who wants to work can do so)."

写的是那些因机器人接待客人的咖啡馆、点菜可以出错的餐厅等提案而 "働く可能性が広がっている（增加工作机会的）" 人们。
1 第10行中写有 "接客の合間に客との会話を楽しむこともできます"，但没有写 "会話を楽しみたい人だけ（只限于那些有兴趣会话的人）"。
2 在允许订单出错的餐厅工作的是患有痴呆症的人，不是机器人。
3 写有增加了工作机会，但并没有写到 "働きたいと思っている人が全員働ける（想工作的人都能工作）" 这一程度。

Viết về những người "働く可能性が広がっている (đang được mở rộng khả năng làm việc)" nhờ những ý tưởng như quán cà phê dùng robot tiếp khách hay quán ăn mang sai món khách gọi v.v.
1 Tuy ở dòng 10 có "接客の合間に客との会話を楽しむこともできます" nhưng không ghi rằng "会話を楽しみたい人だけ (chỉ người thích trò chuyện)".
2 Làm việc ở quán ăn mang sai món khách gọi là những người bị mất trí nhớ, không phải robot.
3 Tuy khả năng làm việc được mở rộng nhưng không ghi đến mức "働きたいと思っている人が全員働ける (tất cả những người muốn làm việc đều có thể làm)".

問題2

問1　正解　3

3段落目で，「大きな『山』」について説明している。10～11行目に「それは洋服や靴だ。先進国で大量生産され，売れ残った物や古着が集められ，捨てられているのだという」とある。理由を表す表現が入っていないこともあるので注意。そのようなときは，問われている箇所の

Paragraph 3 explains regarding "大きな『山』", in lines 10 to 11 it says "それは洋服や靴だ。先進国で大量生産され，売れ残った物や古着が集められ，捨てられているのだという." Note that sometimes the expression for the reason is not included in the text. In such cases, read carefully near the part being asked about to find the reason.
1・2 Paragraph 2 mentions that initiatives for "SDGs" have spread and that there are now more ways to get rid of clothes other than throwing them away, but that is not the reason why "大きな『山』" is formed.
4 Paragraph 4 mentions the problem of "化学繊維" that do not naturally decompose over time and that cause environmental pollution and fires, but it does not say anything about "天然繊維."

近くをよく読んで，理由を探す。

1・2 「SDGs」の取り組みが広がり，洋服を手放すとき，捨てる以外の方法が増えたということは2段落目に書かれているが，それは「大きな『山』」ができる理由ではない。

4 4段落目では，年月が経っても自然分解されず，環境汚染や火事の原因になっている「化学繊維」の問題点について書かれているが，「天然繊維」については書かれていない。

在第3段中，就"大きな『山』"进行说明。第10～11行中写有"それは洋服や靴だ。先進国で大量生産され，売れ残った物や古着が集められ，捨てられているのだという"。要注意也有没用表示原因的表达方式的情况。这时要好好看一下被问到部分的前后来寻找原因。

1・2 第2段中指出，"SDGs"的努力正在扩展开来，在处理不要的衣服时，除了扔掉以外，有了更多的方法，但这并不是形成"大きな『山』"的原因。

4 在第4段中写了"化学繊維"的问题，这些纤维经年累月也不会自然分解，会造成环境污染和火灾，但没有写"天然繊維"。

Đoạn 3 giải thích về "大きな『山』". Ở dòng 10-11 có "それは洋服や靴だ。先進国で大量生産され，売れ残った物や古着が集められ，捨てられているのだという". Hãy lưu ý vì có trường hợp mẫu diễn đạt thể hiện lý do không xuất hiện. Những lúc như vậy, hãy đọc kỹ phần nằm gần chỗ đang được hỏi để tìm lý do.

1・2 Việc các cách xử lý quần áo không dùng nữa, ngoài vứt bỏ, đã nhiều hơn nhờ sự phổ biến của chính sách "SDGs" tuy được nhắc đến ở đoạn 2 nhưng đó không phải lý do xuất hiện "大きな『山』".

4 Ở đoạn 4 có viết về vấn đề của "化学繊維" không tự phân hủy theo thời gian nên gây ô nhiễm môi trường và hỏa hoạn nhưng không viết gì về "天然繊維".

問2 正解 1

問われているのは筆者の主張なので，最後の段落に注目する。22～23行目に「洋服を買うときに，その洋服の『将来』を考えることだ」と書かれている。「将来」とは，2行目に「洋服を手にした，その後のこと」とある。つまり，「手に入れた後のことまで考えるべきだ」ということ。

2 2～3行目に，「ファストファッションが人気だ」とある。だが，「買わないようにするのがいい」とは書かれていない。

3 4～5行目に，洋服を手放す例として「リサイクル」も「寄付」も書いてある。しかし，どちらがいいとは言っていない。

4 筆者が言いたいのは，一人ひとりが買い手として何ができるかということであり，売り手の視点ではない。

The question is about the author's assertion, so pay attention to the last paragraph. Lines 22 to 23 say "洋服を買うときに，その洋服の『将来』を考えることだ." Line 2 says "将来" meaning "洋服を手にした，その後のこと." In other words, "手に入れた後のことまで考えるべきだ (we should think about what happens after we get them)."

2 Lines 2 to 3 say "ファストファッションが人気だ." However, they do not say "買わないようにするのがいい (it is better to try not to buy them)."

3 Lines 4 to 5 mention "リサイクル" and "寄付" as examples of parting with clothes, but it does not say which one is better.

4 The author's point is about what each person can do as a buyer, not as a seller.

由于被问到的是作者的见解，所以着重看一下最后一段。第22～23行中写有"洋服を買うときに，その洋服の『将来』を考えることだ"。"将来"所指，在第2行中写有"洋服を手にした，その後のこと"。也就是说，"手に入れた後のことまで考えるべきだ (应该考虑到买到之后的事情)"。

2 第2～3行中写有"ファストファッションが人気だ"。但是，没有写"買わないようにするのがいい (最好不要买)"。

3 第4～5行中，作为把衣服断舍离的例子，写了"リサイクル"，也写了"寄付"。但是并没有说哪个更好。

4 作者想说的是，作为每个买者可以做些什么，而不是从卖者的角度来看的。

Vì cái đang được hỏi là chủ kiến của người viết nên cần chú ý đến đoạn cuối. Ở dòng 22-23 có ghi "洋服を買うときに，その洋服の『将来』を考えることだ". "将来" tức là "洋服を手にした，その後のこと" ở dòng 2. Nói cách khác là "手に入れた後のことまで考えるべきだ (nên nghĩ đến cả chuyện sau khi có được chúng)".

2 Ở dòng 2-3 có "ファストファッションが人気だ". Tuy nhiên lại không ghi rằng "買わないようにするのがいい (nên hạn chế mua)".

3 Ở dòng 4-5 có ghi về "リサイクル" và "寄付" để làm ví dụ cho việc xử lý quần áo, nhưng lại không nói là cái nào thì tốt hơn.

4 Điều người viết muốn nói là việc mỗi người có thể làm trong vai trò người mua, không phải với tư cách người bán.

問題 1
問 1　正解　2

1 行目に「異文化の中で」という言葉が出てくるが，これは，2 行目で「異なる言語，食文化，習慣に触れたとき」と言い換えられている。

1 「外国の文化」とは書かれていない。

3 「いつまでも慣れることができない」とは書かれていない。

4 目的は，異文化の環境に移るきっかけで，異文化の説明ではない。

Line 1 mentions "異文化の中で," but in line 2 this is rephrased as "異なる言語，食文化，習慣に触れたとき."
1　It does not mention "外国の文化."
3　It does not mention "いつまでも慣れることができない (you can never get used to it)."
4　The purposes are what prompts a transition to a different culture. They are not an explanation of what other cultures are.

在第 1 行中出现有 "異文化の中で" 这个用语，在第 2 行这被置换成 "異なる言語，食文化，習慣に触れたとき"。
1　没有写 "外国の文化"。
3　没有写 "いつまでも慣れることができない (总也习惯不了)"。
4　这些目的只不过是一个转移至不同文化环境的契机，而不是对不同文化的说明。

Ở dòng 1 có cụm từ "異文化の中で" nhưng sang dòng 2 thì nó được thay bằng "異なる言語，食文化，習慣に触れたとき".
1　Không ghi gì về "外国の文化".
3　Không ghi rằng "いつまでも慣れることができない (sẽ không bao giờ quen được)".
4　Mục đích là nguyên cớ để chuyển sang môi trường văn hóa khác, không phải là phần giải thích về văn hóa khác.

問 2　正解　1

（　A　）の前後に注目する。前の文は，カルチャー・ショックによりストレスを感じることがあるという事実を示している。（　A　）の後ろでは，これからカルチャー・ショックから身を守る方法について話すということが示されているので，前の文の内容を受けて話題を展開する「では」が入る。

Pay attention to what is before and after （　A　）. The sentence before （　A　） points to the fact that culture shock can cause stress. The sentence after （　A　） indicates that the text will mention how to protect oneself from culture shock, so "では" is inserted to expand the topic based on the content of the previous sentence.

注意看一下（　A　）的前后。前面的句子是说有时文化冲击会使人感受压力这一事实。而（　A　）后面的句子，说的是之后将要提及如何保护自己免受文化冲击。所以在这里用了有着承前启后作用的 "では"。

Chú ý đến phần trước và sau （　A　）. Câu trước đó nói về một thực tế là người ta cảm thấy căng thẳng do sốc văn hóa. Còn phần sau （　A　） nói về phương pháp bảo vệ mình khỏi sốc văn hóa nên từ thích hợp để điền vào đây là "では" có vai trò triển khai chủ đề trên cơ sở tiếp nhận nội dung của câu trước.

問 3　正解　3

14 ～ 15 行目に「これを『ショック期』と呼びます。U 字曲線の底に当たり，この段階がカルチャー・ショックと呼ばれます」とある。

1　21 行目に「すべての人がこの通りのステップを踏むわけではありません」とあるので

Lines 14 to 15 say "これを『ショック期』と呼びます。U 字曲線の底に当たり，この段階がカルチャー・ショックと呼ばれます."
1　Line 21 says "すべての人がこの通りのステップを踏むわけではありません," so it is not "誰でも."
2　Although the steps differ from person to person, it does not say that people who didn't experience the shock period "適応期の成長を実感しにくい (are less likely to realize growth during the adjustment period)."
4　It does not say anything about the duration of culture shock.

「誰でも」ではない。

2 人によってステップは異なるが，ショック期を体験しなかった人が，「適応期の成長を実感しにくい」とは書かれていない。

4 カルチャー・ショックの期間については書かれていない。

問題2

問1　正解　2

「こうした」という指示語の指す内容に注目する。その前の2段落目をまとめると，「自分の都合でペットの世話ができなくなり，手放す人が増えている」と合う。

1 1～2行目に「ペットを動物ではなく家族の一員と考える人」について書かれているが，これは，問いの「こうした背景」ではない。

3 「飼い主の逮捕が急増している」とは書かれていない。急増するのは旅行期間中に捨てられるペットの数。

4 3段落目に規制の強化について書かれているが，ペットショップに関する規制を強化したことは，法律改正の背景ではなく結果。

第14～15行中写有"これを『ショック期』と呼びます。U字曲線の底に当たり，この段階がカルチャー・ショックと呼ばれます"。

1 由于第21行中写有"すべての人がこの通りのステップを踏むわけではありません"，所以不是"誰でも"。

2 虽然阶段因人而异，但没有写没有经历过冲击阶段的人"適応期の成長を実感しにくい（很难切身感受到适应期的成长）"。

4 没有写文化冲击的期间。

Ở dòng 14-15 có "これを『ショック期』と呼びます。U字曲線の底に当たり，この段階がカルチャー・ショックと呼ばれます".

1 Vì dòng 21 có "すべての人がこの通りのステップを踏むわけではありません" nên không phải là "誰でも".

2 Tuy các bước khác nhau tùy từng người nhưng không ghi rằng những người không trải qua thời kỳ sốc sẽ "適応期の成長を実感しにくい (khó cảm nhận được sự trưởng thành trong thời kỳ thích ứng)".

4 Không ghi gì về khoảng thời gian trải qua sốc văn hóa.

Pay attention to what the demonstrative "こうした" refers to. The summary of paragraph 2 before this fits this description: "自分の都合でペットの世話ができなくなり，手放す人が増えている (the number of people who, due to their own circumstances, become unable to care for pets and give them away is increasing)."

1 Lines 1 to 2 refer to "ペットを動物ではなく家族の一員と考える人 (people who think of pets not as animals but as a member of their family)," but this is not the "こうした背景" in the question.

3 It does not say "飼い主の逮捕が急増している (increases in arrests of pet owners have increased rapidly)." The rapid increase is in the number of pets that are abandoned during travel periods.

4 Paragraph 3 mentions tightening regulations, but tightening the regulations on pet shops is the result, not the background of the legal reform.

注意看一下"こうした"这个指示代词所指的内容。归纳一下之前的第2段，与"自分の都合でペットの世話ができなくなり，手放す人が増えている（因自己的原因不能再继续照顾宠物而放弃的人正在增加）"内容一致。

1 第1～2行中写了"ペットを動物ではなく家族の一員と考える人（把宠物认为是自己家庭的一员，而不是动物的一员的人）"，但这不是所问的"こうした背景"。

3 没有写"飼い主の逮捕が急増している（宠物主人的逮捕正在剧增）"。正在剧增的是旅行期间被遗弃的宠物数量。

4 在第3段写了加强监管，但加强对宠物店的监管是法律修改的结果，不是背景。

Chú ý đến nội dung mà chỉ thị từ "こうした" biểu thị. Nội dung tóm tắt của đoạn 2 ở trước đó hợp với "自分の都合でペットの世話ができなくなり，手放す人が増えている (số người không nuôi thú cưng được nữa vì bất tiện cho bản thân nên vứt bỏ chúng đang tăng)".

1 Dòng 1-2 có ghi về "ペットを動物ではなく家族の一員と考える人 (người xem thú cưng không phải thú vật mà như một thành viên trong gia đình)" nhưng đây không phải là "こうした背景" trong câu hỏi.

3 Không ghi rằng "飼い主の逮捕が急増している (số chủ nuôi bị bắt giữ tăng vọt)". Thứ tăng vọt là số lượng thú cưng bị vứt bỏ trong thời gian chủ đi du lịch.

4 Trong đoạn 3 có viết về việc siết chặt quy định nhưng việc các quy định liên quan đến cửa hàng bán thú cưng bị siết chặt hơn không phải là bối cảnh của cải cách luật pháp mà là kết quả.

問2　正解　1

15〜16行目に「確かに，ペットショップの販売だけに問題があるとは言い切れない。それを考えると，少し厳しすぎるのではないだろうか」と法律改正についての筆者の考えが書かれている。

2　14〜15行目に「政治家によるショーだ」とあるが，これは筆者の意見ではなく，世間からの意見のうちの一つ。

3　14行目に「ペットショップ業界から強い反対意見も出ている」と書かれているが，それは現在の話であり，「これからも強まりそうだ」とは書かれていない。

4　16行目に「少し厳しすぎるのではないだろうか」とある。筆者は「仕方がない」とは考えていない。

Lines 15 to 16 contain the author's thoughts on revising the laws, namely "確かに，ペットショップの販売だけに問題があるとは言い切れない。それを考えると，少し厳しすぎるのではないだろうか."

2　Lines 14 to 15 say "政治家によるショーだ," but this is not the author's opinion and just one point of view in society.

3　Line 14 says "ペットショップ業界から強い反対意見も出ている," but that is about the present, and it does not say "これからも強まりそうだ (it seems like this will get stronger from now on)."

4　Line 16 says "少し厳しすぎるのではないだろうか," but the author does not think that this is "仕方がない (cannot be helped)."

第15〜16行中有"確かに，ペットショップの販売だけに問題があるとは言い切れない。それを考えると，少し厳しすぎるのではないだろうか"，这是作者自己对修改法律的看法。
2　第14〜15行中写有"政治家によるショーだ"，但这不是作者的意见。而是一个来自公众的意见。
3　第14行中写了"ペットショップ業界から強い反対意見も出ている"，说的是现在的事情，并没有写"これからも強まりそうだ（今后也会不断增强）"。
4　第16行中写有"少し厳しすぎるのではないだろうか"。作者没有认为"仕方がない（没办法）"。

Ở dòng 15-16 có ghi suy nghĩ của người viết về việc cải cách luật pháp "確かに，ペットショップの販売だけに問題があるとは言い切れない。それを考えると，少し厳しすぎるのではないだろうか."
2　Ở dòng 14-15 có "政治家によるショーだ" nhưng đây không phải là ý kiến của người viết mà là một trong những ý kiến của công chúng.
3　Dòng 14 có ghi "ペットショップ業界から強い反対意見も出ている" nhưng đó là chuyện hiện tại, không ghi rằng "これからも強まりそうだ (từ giờ trở đi có lẽ sẽ dữ dội hơn)".
4　Dòng 16 có "少し厳しすぎるのではないだろうか". Người viết không nghĩ rằng "仕方がない (không còn cách nào khác)".

問3　正解　3

最後の段落に書かれている内容に注目する。「動物の命とどう向き合うかは，社会全体の課題」と書かれているため，それに合う3が正解。

1　日本に「リーダーになってほしい」とは書かれていない。

2　3段落目に，ペットショップでの衝動買いについて書かれているが，筆者は「やめるべきだ」とは言っていない。

4　5〜6段落目にアニマルウェルフェアの重要性は書かれているが，日本の法律の話は書かれていない。

Note what is written in the last paragraph. It says "動物の命とどう向き合うかは，社会全体の課題," so 3, which matches this, is the correct answer.

1　It does not say "リーダーになってほしい (they want them to become a leader)" about Japan.

2　Paragraph 3 is about impulse buying at pet stores, but the author does not say "やめるべきだ (it should stop)."

4　Paragraphs 5 to 6 mention the importance of animal welfare, but there is no mention of Japanese law.

着重看一看最后一段所写的内容。因为写着"動物の命とどう向き合うかは，社会全体の課題"，所以与此一致的3是正确答案。
1　对于日本没有写"リーダーになってほしい（希望成为领头的国家）"。
2　第3段中虽然写了在宠物店的冲动购买，但作者没有说"やめるべきだ（应该停止）"。
4　第5〜6段中写了动物福利的重要性，但没有写到日本的法律。

Chú ý đến nội dung được viết ở đoạn cuối. Vì có ghi rằng "動物の命とどう向き合うかは，社会全体の課題", lựa chọn 3 hợp với nội dung đó nên đúng.
1　Không ghi rằng muốn nước Nhật "リーダーになってほしい (trở thành người đi đầu)".

2 Trong đoạn 3 có viết về chuyện mua vì bốc đồng diễn ra ở các cửa hàng bán thú cưng nhưng người viết không nói rằng "やめるべきだ (nên dừng lại)".

4 Trong đoạn 5-6 có viết về sự cần thiết của phúc lợi động vật nhưng không viết về chuyện luật pháp của Nhật.

12 回目 p.64 ～ p.87

| 1 | 2 | 2 | 4 | 3 | 4 | 4 | 2 | 5 | 3 | 6 | 4 | 7 | 1 | 8 | 4 |

| 9 | 2 | 10 | 2 | 11 | 3 | 12 | 1 | 13 | 2 | 14 | 2 | 15 | 4 | 16 | 3 |

| 17 | 1 | 18 | 1 | 19 | 2 | 20 | 1 | 21 | 3 | 22 | 3 | 23 | 4 | 24 | 1 |

| 25 | 3 |